Wasser, Hefe, Hopfen, Malz – so simpel wie genial sind die vier Grundzutaten, aus denen seit Jahrtausenden das allerbeste Getränk der Welt gebraut wird. Und ganz egal ob Pils, Altbier, Helles, Hefeweizen, Kölsch, Export, Lager, Craft Beer oder Doppelbock: Bier fördert die Lust bei Frauen, hat halb so viele Kalorien wie Orangensaft, ist gut für die Haut, schützt vor Diabetes und Nierensteinen, senkt Bluthochdruck und wirkt sich sogar positiv auf das Gehör aus. Was aber noch viel wichtiger ist: Es schmeckt so verdammt gut! Höchste Zeit, dass wir uns im 500. Jahr des Reinheitsgebotes auf eine der ältesten handwerklichen Traditionen der Menschheit besinnen – und unser Bier hochleben lassen.

Andreas Hock, geboren 1974 in Nürnberg, ist Journalist, Bestsellerautor und als Franke natürlich bekennender Biertrinker. Nach einem abgebrochenen Jurastudium schrieb er u. a. für die *Nürnberger Zeitung* und die AZ. Gleich mit seinem ersten Buch ›Von nix kommt nix‹, der offiziellen Biographie über die kultige TV-Familie Geiss, landete er einen SPIEGEL-Bestseller; ein weiterer folgte mit ›Bin ich denn der Einzigste hier, wo Deutsch kann?‹. In seiner Freizeit gilt sein Hauptinteresse dem Fußball, der noch schöner (oder erträglicher) wird, wenn er ein kühles Bier dabei trinkt. Mit seiner Familie lebt er in seiner geliebten Heimatstadt.

Weitere Informationen, auch zu E-Book-Ausgaben, finden Sie bei www.fischerverlage.de

ANDREAS HOCK

Ein

BIER

Ein

BUCH

FISCHER Taschenbuch

Erschienen bei FISCHER Taschenbuch,
Frankfurt am Main, April 2016

© 2016 by Andreas Hock
© 2016 S. Fischer Verlag GmbH, Hedderichstr. 114,
D-60596 Frankfurt am Main
Dieses Werk wurde vermittelt durch die
Michael Meller Literary Agency GmbH, München.

Satz: Fotosatz Amann, Memmingen
Druck und Bindung: CPI books GmbH, Leck
Printed in Germany
ISBN 978-3-596-03343-0

INHALT

DAS BIER UND SEINE PILGERSTÄTTEN
189

33 Orte, die ein Biertrinker besucht haben sollte

VOR
TRUNK

Was soll man lange drum herumreden: Bier ist einfach spitze!
Bier fördert die Lust bei Frauen, hat halb so viele Kalorien wie
Orangensaft und immer noch weniger als fettarme Milch, ist
gut für Herz und Haut, schützt vor Diabetes und Nierensteinen, senkt Bluthochdruck und wirkt sich sogar positiv auf das
Gehör aus. Ja, es kann sogar beim Abnehmen helfen. Was aber
noch viel wichtiger ist: Es schmeckt so verdammt gut. Kein
Wunder, dass rein statistisch gesehen jeder Deutsche 107 Liter
davon pro Jahr trinkt. Das ist schon mal nicht schlecht, aber es
sind immer noch 30 Liter weniger, als sich zum Beispiel die
Tschechen gönnen. Wir haben noch ein wenig Luft nach oben
im Maßkrug. Höchste Zeit, dass wir uns im 500. Jahr des Reinheitsgebotes auf eine der ältesten handwerklichen Traditionen
der Menschheit besinnen – und unser Bier hochleben lassen.
Bei diesem Vorhaben ist dieses Buch der perfekte Einstieg: mit
einem humorvollen Einblick in die lange Brau-Historie der
Menschheit, mit kuriosen Geschichten, verrückten Rekorden,
leidenschaftlichen Trinkern und erstaunlichen Fakten rund
um das allerbeste Getränk der Welt. Immerhin wissen es die
Menschen schon seit über 10 000 Jahren: Durst wird doch
durch Bier erst schön!

Warnung: *Es könnte sein, dass beim Lesen der folgenden 200 Seiten plötzliche Durstattacken auftreten, sich Ihr Hals überraschend trocken anfühlt oder Sie eine unkontrollierbare Lust auf den Geschmack von Pils, Altbier, Hefeweizen, Kölsch, Doppelbock, Export oder anderen Biersorten verspüren. Sollten Sie eines dieser alarmierenden Anzeichen bemerken, dann legen Sie das Buch umgehend beiseite! Begeben Sie sich vor dem Weiterlesen unbedingt zum nächstgelegenen Kühlschrank oder in die Ausschankstelle Ihres Vertrauens. Genießen Sie dann zur Akutbehandlung der Symptome schnellstmöglich eine Halbe. Sie können dabei ganz beruhigt sein: Die Weltgesundheitsorganisation WHO empfiehlt bis zu 0,6 Liter Bier am Tag bei Männern und 0,3 Liter bei Frauen als gesundheitsfördernd. Dass Alkohol in größeren Mengen durchaus schwerwiegende organische und zelluläre Schäden hervorrufen kann, soll an dieser Stelle natürlich nicht unerwähnt bleiben. Dieser ernstzunehmende Aspekt spielt aber zumindest für die Lektüre dieses subjektiven, einseitigen und durch und durch bierverherrlichenden Buches keine Rolle: In begründeten Einzelfällen wie einem milden Spätsommerabend, einer fröhlichen Feier mit Ihren besten Freunden oder einem unerwarteten freudigen Ereignis (Beförderung, Vaterschaft, Lottogewinn etc.) dürfen Sie die Warnhinweise der WHO ausnahmsweise ignorieren. Notfalls begegnen Sie Ihrem Verlangen eben mit einem alkoholfreien Bier, was immer noch besser und vor allem bekömmlicher ist als dieser ganze neumodische Zuckerkram. Insofern – viel Vergnügen beim Lesen und vor allem: Prost!*

───DAS BIER─── UND SEINE GESCHICHTE

Wie alles begann

Der moderne Mensch – also der mit dem aufrechten Gang, einem Gehirn mit rund 100 Milliarden Nervenzellen und weitgehend ohne Körperfell – lebt erst seit ungefähr 200 000 Jahren auf der Erde. Aber die Geschichte seiner Ernährung ist schon ein bisschen länger. Insofern lohnt es sich durchaus, gleich zu Beginn dieses Buches einen Blick darauf zu werfen, was der geschätzte Homo sapiens und seine nicht ganz so gescheiten Ahnen zwischen Pliozän und heute alles gegessen und getrunken haben. Was das mit Bier zu tun hat? Dazu kommen wir gleich.

Unsere Vorfahren vor drei oder vier Millionen Jahren ernährten sich vermutlich noch rein pflanzlich und hatten außer Wasser nichts, womit sie ihren Durst löschen konnten. Auch wegen des noch nicht ganz ausgereiften Gebisses der Kollegen standen auf dem Speiseplan vorwiegend Früchte, Blätter und Wurzeln. Als vor vielleicht zwei Millionen Jahren die ersten Werkzeuge dazukamen, mit denen man kleinere oder verletzte Tiere erschlagen konnte, begannen wir, auch Fleisch zu verzehren. Es gibt sogar wissenschaftliche Theorien, die vermuten, wir hätten uns eine Zeitlang vorwiegend von Aas ernährt. Das war natürlich kein besonders erquicklicher Zustand, aber es nahte ein echter Quantensprung in unserer Entwicklung.

Durch die Entdeckung des Feuers nämlich konnten wir plötzlich grillen und Fisch wie Fleisch auf diese Weise leichter bekömmlich machen. Und das war bitter nötig: Weil unser Gehirn immer größer wurde, musste dringend energiereiche Nahrung her. Um eine ausreichende Kalorienzufuhr zu gewährleisten, hätten wir andernfalls Unmengen an Pflanzen zu uns nehmen müssen. Wir hätten also unser Dasein vor allem mit Kauen verbracht und gar keine Zeit gehabt, uns in irgendeiner Form weiterzuentwickeln und eines Tages das Bier zu erfinden. So aber lernten wir, gezielt auf die Jagd zu gehen. Unser Abendessen war nicht mehr von Glück oder Zufällen abhängig. Und die Speisekarte erweiterte sich: Die ältesten Funde des Konsums von Meeresfrüchten datieren aus einer Zeit etwa 150 000 vor Christus. Fische fangen wir seit gut 42 000 Jahren – wie der Fund eines Angelhakens belegt.

Doch was haben wir währenddessen eigentlich getrunken? Immerhin benötigt ein durchschnittlicher, gesunder Erwachsener mindestens 1,5 Liter Flüssigkeit pro Tag – in der Steinzeit ebenso wie heutzutage. Nun reichte das Wasser aus irgendwelchen Flussläufen, der morgendliche Tau auf den Blättern oder die Milch der jeweils gerade verfügbaren Wildtiere die meiste Zeit zwar dazu aus, weitgehend über die Runden zu kommen. Der Spaßfaktor jedoch dürfte sehr lange sehr gering gewesen sein. Bis zu einem schicksalhaften Tag, der die Kulturgeschichte unserer Art für immer verändern sollte.

Der erste Rausch

Dass die Menschheit den Alkohol entdeckt hat, verdanken wir nichts anderem als einem glücklichen Zufall: Wahrscheinlich ist, dass ein Vertreter der frühen Gattung Australopithecus in den Weiten des nördlichen Afrikas von Hunger gepeinigt durch die Wälder streifte und dabei wie so oft ein paar Früchte verspeiste – nur, dass das Zeug diesmal seine beste Zeit schon ein paar Tage hinter sich hatte. Das war nicht ungefährlich, denn meistens überlebten die damals eher wenig widerstandsfähigen Zeitgenossen eine solch verdorbene Mahlzeit nicht. Bei diesem robusten Kameraden dagegen setzte nach einer gewissen Zeit eine euphorisierende Wirkung ein. Womöglich grunzte unser Urmensch entrückt, vielleicht wankte er ein bisschen, und unter Umständen drehte sich die Erde um ihn herum. An einem Tag irgendwann vor Jahrmillionen hatte ein uns leider unbekannter Urzeitkerl den ersten Rausch der Menschheitsgeschichte!

Der Grund hierfür lag natürlich im Alkohol – dieser Begriff ist übrigens erst seit rund 200 Jahren bekannt, vorher sprach man vom »Öl« oder dem »Spiritus«. Alkohol entsteht, wenn ein Mikroorganismus nicht genug Sauerstoff zur Zellatmung hat und so gezwungen ist, die eigenen Kohlenhydrate wie Stärke oder Fruchtzucker umzuwandeln. Die Verbindung mit der unspannenden Summenformel C_2H_6O hat die Eigenschaft, spätestens eine halbe Stunde nach dem Genuss direkt über die Blutbahn ins Gehirn einzudringen und dort an den Nervenzellen anzudocken. Dadurch verändern sich Motorik, Denkvermögen und Gefühle. Das Ganze ist nichts anderes als ein profaner biochemischer Prozess – und zwar der vermutlich älteste, den es in der Natur überhaupt gibt. Insofern war es nur eine Frage der Zeit, wann irgendein Urmensch darauf stoßen würde.

Blöd daran war nur, dass unser Entdecker diesen Zustand zwar angesichts der unwirtlichen sonstigen Lebensumstände vermutlich ganz gut fand, ihn jedoch aufgrund seines im Vergleich sehr geringen Gehirnvolumens nicht recht einzuordnen wusste. So konnte er sich, nachdem er am nächsten Morgen leicht verkatert in seiner Höhle wieder aufgewacht war, leider auch nicht bewusst erneut einen andudeln. Er musste also warten, bis er durch Zufall wieder ein paar Früchte fand, die etwas faulig waren – und darauf hoffen, dass er ihren Genuss dieses Mal ebenfalls überlebte.

So gingen die Jahrtausende ins Land. Die Menschen schlugen sich beschwerlich durch die Epochen. Sie lernten mit filigraneren Werkzeugen als einem groben Stein zu arbeiten und entwickelten sich beständig weiter. Eines Tages war das Hirn endlich groß genug, um zu verstehen, dass faulige Früchte im besten Fall gleichbedeutend waren mit einem kleinen Ausflug ins so faszinierende wie riskante Reich der alkoholischen Gärung. Doch irgendwann, es muss etwa 10 000 Jahre vor Christi Geburt gewesen sein, erreichten unsere hominiden Vorfahren den ganz großen Wendepunkt unser aller kulturgeschichtlichen Daseins: Sie entwickelten den Ackerbau. Die einstigen Jäger, Sammler und Fischer wurden endlich an einem festen Ort sesshaft – zumindest, wo es das Klima zuließ. Und dort, etwa in Jordanien, Syrien oder wenig später auch in Nordafrika oder Südosteuropa, bauten sie Hirse, Reis oder auch Gerste an. Was sich als gute Idee herausstellen sollte.

Am Anfang war … ein undichtes Dach

Kaum waren die ersten Felder bestellt, dauerte es nicht besonders lange, bis – vermutlich irgendwo im heutigen Sudan – ein paar Bauern ihre Hirse versehentlich vergären ließen. Ein dummes Missgeschick, denn die Dächer ihrer Schuppen waren aufgrund der mangelhaften Werkzeuge und noch nicht besonders ausgeprägten handwerklichen Fertigkeiten der Leute undicht. Das passierte immer mal wieder, und wenn es länger regnete, war das Zeug hinterher nicht mehr zu gebrauchen. Doch zum allgemeinen Erstaunen war dieses eine Mal das Korn nicht verloren. Vielmehr passierte – wie seinerzeit bei den Früchten auch – Seltsames: Das Getreide wurde zwar nass, aber weil der Regen schnell aufgehört hatte, verfaulte es nicht. Stattdessen keimte es auf. Dadurch bildeten sich Enzyme, und ein Teil der im Getreide enthaltenen Stärke spaltete sich in kleinere Moleküle auf – den Malzzucker.

Die Menschen wussten das natürlich nicht, und sie konnten es auch nicht wirklich sehen. Aber sie rochen es: Denn das, was aufgrund der perfekten klimatischen Umstände jener geschichtsträchtigen Woche nach ein, zwei Tagen aus dem nassen und wieder getrockneten Korn geworden war, wirkte alles andere als unappetitlich. Logischerweise hatten die Bauern der ersten Stunde keine Ahnung vom Darren – also dem professionellen Trocknen ihrer gekeimten Körner. Aber zum allgemeinen Erstaunen ließ sich das bis dato unbekannte und erstaunlich aromatische Naturprodukt, das da aus Versehen wegen der Lücken im First entstanden war, trefflich in Wasser auflösen – und trinken! Und was soll man sagen: Das Gemisch schmeckte nicht nur ganz passabel, es sättigte sogar ein bisschen. Wenn die Landwirte nur genug davon tranken, verspürten auch sie auf einmal einen Zustand der allgemeinen Entspannung, der nach einem harten Tag auf den Feldern ganz guttat.

Mit ein wenig gutem Willen könnte man also diesen sudanesischen Malzzucker-Drink durchaus als erstes Bier der Welt durchgehen lassen, das von den Bewohnern des ersten Siedlungsgebiets sesshafter Menschen nach einiger Zeit sogar schon halbwegs professionell hergestellt worden sein soll. Nix Genaues weiß man in diesem Zusammenhang aber bedauerlicherweise nicht: Die Archäologen sind sich auch im Jahr 2016 noch immer nicht einig, ob die in jenen Breitengraden aufgefundenen Sandsteinwannen wirklich als historische Maischebehälter dienten und so als Beweis für die Brautätigkeit herhalten können – oder ob sie doch eher für die antike Körperpflege gedacht waren. Dokumentiert haben die Menschen ihre berauschende Entdeckung seinerzeit jedenfalls noch nicht: Sie kannten keinerlei Schrift.

Echte Bierfans, diese Sumerer

Darum stammen die ältesten belegten Funde einer vorhandenen Braukultur aus dem Örtchen Godin Tepe im westlichen Iran – und sind folglich ein paar tausend Jahre jünger: Amerikanische Forscher stießen in den 1970er Jahren dort auf sonderbare Gefäße mit vertrockneten Überresten im Inneren. Eine chemische Analyse ergab, dass es sich bei dem Inhalt der uralten Krüge um etwas handelte, was dem heutigen Bier sehr ähnlich war. Man fand nämlich Spuren von Malz und Hefe. Mehr noch: Man entdeckte sogar verschiedene Rezepte, mit denen die Sumerer, so hieß das Volk, das im südlichen Mesopotamien lebte, offenbar Abwechslung in ihre Getränkekarte brachten – ein wahrer Meilenstein in der Bier-Historie.

Ob nun diese Sumerer wirklich die Ersten waren, die professionell brauten, ist umstritten. Sicher ist nur, dass sie aufgrund ihrer ausgeklügelten Keilschrift und ihrer buchhalterischen Genauigkeit vieles notierten, was ihnen wichtig erschien – und dass wir aus diesem Grund von ihren Brauanleitungen wissen: Das legendäre »Monument Bleu« etwa, benannt übrigens nicht nach dem Zustand des Verfassers, sondern nach dem französischen Finder, ist wahrscheinlich gut 6000 Jahre alt. Es hängt heute im Pariser Louvre und besteht aus einigen Tontafeln, auf denen festgehalten ist, wie man Emmer, eine antike Weizensorte, enthülst, reinigt, verbackt und aus dem fertigen Produkt ein Getränk herstellt – das anfangs freilich vorwiegend dazu diente, es der Fruchtbarkeitsgöttin Nin-Harra zu opfern. Klar ist dadurch aber: Bier gab es schon viel früher als Wein, denn den bauten die alten Ägypter erst ab rund 4000 vor Christus an. Eine bierig schöne Tatsache, mit der man jeden Weinhistoriker prima zur Weißglut treiben kann.

Nin-Harra indes ließ sich aufgrund dieser großzügigen Gaben nicht lumpen: Der Getreideanbau boomte in den folgenden Jahrhunderten geradewegs. Zum Emmer kamen der Dinkel hinzu und die Gerste. Es wuchs plötzlich so viel, dass die Menschen ihre süffige Opfergabe früher oder später auch ohne Gewissensbisse ihrer Göttin gegenüber selbst konsumieren konnten. Und sie experimentierten sogar damit: So gab es bald wässriges Dünnbier für die Kranken, dunkles Starkbier für die Kräftigen, herbes Gerstenbier für die Männer und süßes Honigbier für die Damen – alles auf der Grundlage von frisch gebackenen Körnerfladen. Bald wurde die Hälfte der Getreideernte ausschließlich für die Bierherstellung benutzt. Kein Wunder: Um das Volk bei Laune zu halten, hatte jeder Bürger – je nach Stand – einen Anspruch von zwei bis fünf Kannen Bier am Tag. Umgekehrt ließen sich auch die Priester in Flüssigwährung bezahlen. So kostete eine anständige Beerdigung mit geistigem Segen satte sieben Kannen – und einige hundert Brote noch dazu.

Als das sumerische Reich aufgrund andauernder Streitereien seiner zahllosen Stadtstaaten 2000 Jahre vor Christi Geburt zerfiel, war es mit der Braukultur keinesfalls vorbei. Im Gegenteil: Die Babylonier, gewissermaßen die Nachfolger der Sumerer, entwickelten sie sogar noch weiter – und das, obwohl sie sich im Vergleich zu anderen Handwerkskünsten der damaligen Zeit ohnehin schon auf einem sehr hohen Niveau befand. Auswertungen von Aufzeichnungen ergaben, dass die Babylonier rund 20 verschiedene Sorten kannten, die sich nach allem, was wir heute wissen, in folgende erstaunlich genau definierte Kategorien unterteilen ließen:

- **Dünnbier:** ein eher wässriges Bier, das hauptsächlich aus Gerste bestand
- **Nachbier:** Billigbier aus Maischresten
- **Lagerbier:** Mischbier aus Emmer und Gerste, das nach Ägypten verkauft wurde
- **Schwarzbier:** ein dunkles Bier aus Gerste, dem etwas Emmer zugesetzt wurde
- **Gutes Schwarzbier:** ebenfalls ein dunkles Bier, aber mit einem höheren Emmeranteil
- **Feines Weißbier:** ein Mischbier aus Gerste und Emmer zu etwa gleichen Teilen
- **Rotbier:** ein reines Emmerbier aus einem Viertel gekeimtem und drei Vierteln geröstetem Emmer und
- **Primabier:** ein dunkles Starkbier aus jeweils einem Drittel gekeimtem Emmerkorn, Emmerbrot und geröstetem Emmer. Diese Sorte war am aufwändigsten herzustellen und praktisch das Premiumprodukt im babylonischen Getränkemarkt.

Nun, die ersten beiden Varianten ließ sich der babylonische König Hammurabi (1728 bis 1686 v. Chr.) als wahrscheinlich größter Bierliebhaber seiner Zeit eher nicht vorsetzen. Er kümmerte sich dafür um die Einhaltung strenger Richtlinien, um sein Lieblingsgetränk gegen Umtriebe aller Art zu schützen: Zunächst legte er Höchstpreise fest, um der Abzocke durch die immer beliebter werdenden Brauereien Einhalt zu gebieten. Außerdem entwickelte er den nach ihm benannten »Codex Hammurabi«, der als erstes Schankgesetz der Welt gilt – und einige strenge Regeln enthält, die so manchem Wirt heute gut zu Gesicht stünden. So wurden beispielsweise Bierpanscher so lange mit ihrer eigenen Plörre überschüttet, bis sie erstickten, und Wirte, die minderwertiges Bier teuer verkauften, kurzerhand ertränkt. Es herrschten eben raue Sitten, dafür aber konnten die Biertrinker und Gasthausbesucher sicher sein, fast überall gleichbleibend hohe Qualität vorgesetzt zu bekommen.

Nicht nur, aber auch durch den immer stärker steigenden Import aus Babylonien kamen auch die Ägypter schnell auf den Geschmack. Sie entwickelten ähnliche Regeln wie ihre babylonischen Nachbarn: Soldaten wurden wie andere staatliche Angestellte auch in Bier und Brot bezahlt, die Pharaonen sicherten sich eine standesgemäße Ration, und selbst die Sklaven hatten einen Anspruch auf immerhin zwei Krüge am Tag, um beim Pyramidenbau bei Laune gehalten zu werden. Bier war, daran sollte sich unsere Bundesregierung mal ein Exempel nehmen, staatlich subventioniert – und sogar so beliebt, dass selbst die Toten ein paar Gefäße davon als Wegzehrung auf ihrer langen Reise in die Unendlichkeit bekamen. Aufgrund dessen war es nur konsequent, dass die ägyptischen

Herrscher ein Braumonopol für sich beanspruchten und die erste Staatsbrauerei der Welt gründeten.

Irgendwann jedoch befand sich, man kann es leider nicht anders sagen, das gesamte Land im Dauersuff. Wer es sich leisten konnte, nahm zu einem Gelage ein oder zwei Diener mit, die für einen sicheren Heinweg sorgen sollten, wenn die eigenen Beine nicht mehr mitmachten. Manche Bierfeste, etwa jenes zu Ehren der allseits beliebten Heilsgöttin Sachmet, dauerten drei Tage und drei Nächte. Bier wurde zu allen Zeiten und öfter als Wasser konsumiert. Die Pharaonen sahen sich zum Eingreifen gezwungen. Deshalb wurde ab ungefähr 100 vor Christus kurzerhand eine Steuer auf das berauschende Nationalgetränk erhoben, um zumindest die schlimmsten Umtriebe etwas einzudämmen. Ob es was genützt hat, ist jedoch nicht überliefert.

Sicher ist dagegen, dass das Lieblingsgetränk des »fruchtbaren Halbmondes«, wie die Gegend zwischen östlichem Mittelmeer, Euphrat und Tigris genannt wurde, bereits um etwa 3000 vor Christus auch zu uns nach Europa gelangte: Neuere Ausgrabungen aus dem südlichen Dänemark belegen, dass auch dort zu jener Zeit das sumerische Verfahren bekannt war, aus schnödem Getreide ein schmack- und nahrhaftes Getränk zu machen, indem man erst einen Teigfladen anfertigte, den man dann wieder – oftmals sogar schon mit Hilfe von Hefepilzkulturen – in Wasser auflöste.

Griechen, Römer, Kelten

Aber erst die reisefreudigen Griechen etablierten das Getränk in unseren Breitengraden im großen Stil. Sie hatten es in Babylonien und Ägypten gesehen, gekostet und für gut befunden.

Also schickten sie sich bald an, das Zeug originalgetreu nachzubrauen. Anders als im Orient jedoch war Bier bei den Hellenen eher ein Getränk für die ärmeren Schlucker. Wer es sich leisten konnte, der trank nach wie vor lieber eine gute Amphore Wein, den es hier – anders als bei den Ägyptern – als Kulturgetränk schon mindestens 5000 Jahre länger gab. Immerhin hatten sie dafür mit Dionysos sogar eine eigene Gottheit, außerdem galt der Wein in der Mythologie als im Kampf vergossenes Blut. Bei so viel Symbolik konnte das Bier nicht ganz mithalten.

Lediglich der große griechische Philosoph Aristoteles gab sich ganz offen dem neuartigen Gebräu hin – vordergründig jedoch nur zu Forschungszwecken. Er fand anhand intensiver praktischer Studien heraus, dass ihm der bittere Trank ganz wunderbar gegen seine chronische Schlaflosigkeit half – und auch, dass man gemeinhin nach hinten umfiel, wenn man mal einen über den Durst getrunken hatte. Trotz dieser tückischen Gefahr bevorzugte er das bekömmliche Bier im Gegensatz zum schwereren Wein, der seinen Aufzeichnungen nach bei übermäßigem Genuss am nächsten Morgen weitaus schlimmere Kopfschmerzen bescherte. Eine These, die wohl jeder bestätigen kann, der im griechischen Restaurant seines Vertrauens ausnahmsweise mal statt ein oder zwei Pils ein paar Gläser roten Imiglykos getrunken hat. Warum das so ist, davon später mehr … Irgendwann erkannte auch Hippokrates, der wohl berühmteste Arzt der Antike, die heilende Wirkung des Bieres und empfahl es in seinen Schriften unter anderem bei Fieber. Trotzdem schaffte es Bier nicht an die Tafeln der Oberschicht.

Noch weniger konnten die Römer mit Bier anfangen. Sie schauten sich zwar sicherheitshalber die Handwerkskunst des

Brauens bei den Griechen ab. Aber sie hielten Bier für ein recht ekelhaftes Barbarengesöff, das ihrem wertvollen Wein nicht das Wasser reichen konnte. Kaiser Flavius Claudius Julianus, kurz Julian II., verspottete es sogar als Mixtur, die allenfalls nach Ziege stank. Nur Julius Cäsar brach eine Lanze für das Bier, wenn auch, zumindest anfangs, aus einem eher pragmatischen Grund: Er erkannte, dass Bier weitaus nahrhafter war als Wein – und noch dazu deutlich billiger in der Herstellung. Also ließ er seine Soldaten auf ihren Eroberungszügen gen Norden mit ausreichend Cervisia versorgen, damit diese nicht hungern und vor allem keinen Durst leiden mussten. Die Legionäre nahmen den Proviant aus Rom zunächst auch dankend an, entdeckten aber bald, dass es etwa bei den in Gallien ansässigen Kelten längst zahlreiche schmackhaftere Varianten gab, denen man sich auf den militärischen Dienstreisen lieber widmen wollte.

Die Kelten nannten ihr Bier »Corma« und lagerten es zwecks Reife und Haltbarkeit nicht in offenen Bottichen, sondern in Fässern, was das Getreidegetränk noch weitaus würziger machte. Die österreichische Privatbrauerei Gablitzer hat sich übrigens dieser über 2000 Jahre alten Tradition gewidmet und bringt heute, ausschließlich anlässlich ihres alljährlichen Kürbisfestes, eine untergärige Biersorte nach historischen Rezepten mit dem klangvollen keltischen Namen auf den Markt. Doch zurück in die Vergangenheit: Die Kelten stellten das Bier so her, wie es schon die alten Sumerer taten: Sie produzierten einfache Brote aus Gerste, Weizen, Roggen oder Hafer, lösten diese in Wasser wieder auf und gaben danach je nach Gusto einige Kräuter dazu, die das Ganze bekömmlicher und geschmackvoller machen sollten, was auch der römische Geschichtsschreiber Tacitus bestätigen konnte, der im ersten

Jahrhundert nach der Zeitenwende wirkte und sich gerne außerhalb der Heimat aufhielt, weil er dort die spannenderen Themen für seine Reportagen vermutete.

Die trinkfesten Germanen

Tacitus war es auch, dem wir einige Berichte darüber zu verdanken haben, wie es die benachbarten Germanen mit dem Bier hielten. Denn leider hatten es unsere ureigenen Vorfahren mit dem Schreiben nicht so. Außerdem lebten sie auch ansonsten recht unzivilisiert und siedelten sich wegen der oft sumpfigen Landschaften Mitteleuropas selten für längere Zeit an einem Ort an. Dafür wussten sie, wie man sich anständig einen auf die Lampe goss: Offenbar waren sie die Ersten, die herausfanden, dass man kein Brot backen und anschließend wieder auflösen musste, wenn man eigentlich nur ein paar Liter Bier herstellen wollte: Stattdessen ließen sie die Getreidekörner erst mal keimen und trockneten sie danach in eigens angefertigten Vorrichtungen. Hier waren nun die ersten Darren, die den nordafrikanischen Bauern ein paar tausend Jahre zuvor noch gefehlt hatten. Den aus dem getrockneten Korn angesetzten Sud erhitzten sie anschließend auf ihren Feuerstellen oder durch die Zugabe heißer Steine, wodurch sich die Inhaltsstoffe viel effektiver als in kaltem Wasser lösten. Und mehr noch. Das fertige Bier wurde schließlich in der Erde vergraben, um es kalt zu halten und vor anderen Umwelteinflüssen – oder allzu durstigen Nachbarn – zu schützen.

Tacitus staunte mächtig darüber, dass diese eher ungehobelten Kerle ungewohnte Fertigkeiten entwickelten, wenn es nur um die Produktion des Bieres ging. Und er wunderte sich noch mehr über die riesigen Mengen, welche die Germanen offenbar schon damals in sich hineinschütten konnten: Zum Trinken benutzen sie für gewöhnlich Hörner von Auerochsen, die praktischerweise gut und gerne eineinhalb Liter Flüssigkeit aufnehmen konnten und trotzdem oft schon nach dem ersten Schluck leer waren. »Sie können Hunger und Kälte ertragen, nur den Durst nicht«, notierte der römische Geschichtsschreiber nachhaltig beeindruckt. Wenn die Germanen ausnahmsweise des Bieres überdrüssig waren oder die Ernte ausfiel, wandten sie sich eben dem Met zu, einer Mischung aus vergorenem Honig und Wasser, der freilich genauso in die Rübe stieg. Geschmeckt hat dem römischen Reporter beides nicht, wobei er das Bier sogar noch abscheulicher fand – was wohl auch daran lag, dass die Erzeuger gerne mal Pilze, Laub oder Baumrinde in den Sud mischten. Aber über Geschmack lässt sich ja bekanntlich streiten.

Nur wie sich dieses als grobschlächtig bekannte Völkchen die gehobene Braukunst aneignete – das weiß man leider nicht genau. Praktiziert wurde sie jedenfalls schon ziemlich lange: Funde aus der Nähe von Kulmbach in Oberfranken belegen, dass bereits ungefähr 800 vor Christus, also 900 Jahre vor Tacitus' ersten schriftlichen Belegen, ein reicher Zeitgenosse mitsamt einiger Krüge Bier zu Grabe getragen wurde. Doch nicht nur das Handwerk an sich war für die Zeit bemerkenswert fortgeschritten. Auch die Art und Weise, wie die Fertigung zelebriert wurde, nötigte nicht nur Tacitus Respekt ab: Beinahe genauso wichtig wie der Inhalt war nämlich der Kessel. Dabei waren diese Behältnisse aus Eisen oder Kupfer seinerzeit verdammt schwer herzustellen. Aber spätestens seit der Sage von Thor, der zusammen mit seinem Götterkollegen Tyr dem Riesen Hymir einen gigantischen Braubottich stahl, um zu Hause in Walhall stets ausreichend Bier anrühren zu können, hatten die Dinger geradezu mystische Bedeutung. Dem germanischen Glauben nach wurde im Himmel stets dann frisches Bier gekocht, wenn es wieder mal sehr bewölkt war – und Donnergrollen bedeutete schlichtweg, dass der pragmatische Thor gerade wieder den Kessel reinigte. Selbst die Gezeiten führten die Germanen indirekt auf das Bier zurück: Der gute Thor soll nämlich bei einem Trinkwettbewerb mit Loki, dem König der Unterwelt, nicht bemerkt haben, dass sein fieser Widersacher das Trinkhorn mit dem Meer verbunden und dieses zuvor in Bier verwandelt hatte. Nach unzähligen Stunden konnte selbst der durstige Donnergott nicht mehr. Aber er hatte immerhin so viel gesoffen, dass das Wasser fortan nicht für den ganzen Tag reichte und daher regelmäßig Ebbe herrschte.

Während sich die Römer daheim immer noch nahezu ausschließlich dem Wein hingaben, den auch Tacitus sehr vermisste, kamen Exil-Römer mehr und mehr auf den Geschmack. So führten die Besatzer hinter dem römischen Grenzwall Limes nicht nur die Zentralheizung ein oder eröffneten öffentliche Bäder. Sie etablierten auch einen professionellen Getränkehandel, der eines Tages das schöne Berufsbild des »Cervesarius« hervorbrachte, der das Bier im großen Stil bei einheimischen Brauern an- und durstigen Kunden in kleineren Mengen für den Hausgebrauch oder die gepflegte Wochenend-Orgie weiterverkaufte. Unter anderem eine Steintafel aus dem Jahr 260, die vor 30 Jahren nahe Trier gefunden wurde, belegt das.

Einziger Nachteil der germanischen Braukunst war, dass oftmals ziemlich berauschende Pflanzen mit in den Sud eingerührt wurden, was schlimmstenfalls zu tödlichen Vergiftungen und bestenfalls zu schlimmen Verhaltensweisen der Konsumenten führte, die – glaubt man den Überlieferungen – den Ballermann 6 wie eine britische Benimmschule wirken lassen.

Allerdings empfanden es die Menschen offenbar als nicht besonders schlimm, wenn sich manch einer der Ihren nach ein paar Hörnern Bier aufführte wie ein wildgewordenes Schwein. Erstens, weil sie als Heiden ohnehin glaubten, denselben Ursprung wie alle Tiere zu haben. Und zweitens, weil das kollektive Besäufnis meist in kultische Zeremonien eingebunden war und somit eine gewisse rituelle Legitimation hatte.

Das ging ein paar hundert Jahre lang so weiter. Die Franken, Alamannen oder Sachsen köchelten in jedem einzelnen ihrer zahllosen Dörfer einen eigenen, häufig skurrilen Zaubertrank, der praktischerweise recht enthemmend wirkte in den zahllosen Schlachten gegen die Armeen von Cäsar, Augustus, Tiberius und all den anderen römischen Feldherren, die sich seit 113 vor Christus an der Eroberung Germaniens versuchten. Es gab entsetzliche Verluste auf beiden Seiten, die Römer schafften es links über den Rhein und wurden auf der rechten Seite wieder zurückgedrängt, doch schlussendlich endete die ewige Keilerei im Zusammenbruch des Weströmischen Reiches anno 480.

Ein Hoch auf die Kirche

Bald aber kamen andere und versuchten, den trinkfreudigen Germanen Manieren beizubringen: Irische Mönche sahen sich genötigt, das Christentum ins Land zu bringen. Sie gründeten die ersten Klöster, die oftmals jedoch nur aus einem oder allenfalls einer Handvoll Mönche bestanden und vom Pomp des Hochmittelalters weit entfernt waren. Im Gegenteil: Die Gottesmänner der Anfangszeit arbeiteten als Bauern oder Handwerker, denn vom Missionieren allein konnten sie nicht leben, und Bier brauten sie auch noch keines. Sie bekamen es stattdessen von den umliegenden Gemeinden genauso wie andere Lebensmittel geschenkt, um überhaupt über die Runden zu kommen.

Mehrmals im Jahr erlegten sie sich zudem selbst strenge Fastenregeln auf. Manchmal durften sie einige Wochen lang keinerlei Nahrung zu sich nehmen, um vor Gott dadurch ihren Glauben und ihre Willensstärke unter Beweis zu stellen. Die tapferen Mönche überlebten diese Askese jedoch nur, weil sie einen alten christlichen Grundsatz anwendeten, der sicherlich nicht Bier meinte, aber unmissverständlich besagte: »Liquida non frangunt ieunum«, auf Deutsch: Flüssiges bricht Fasten nicht! Im Jahr 817 wurde auf dem Konzil zu Aachen geregelt, wie viel den Klosterinsassen genau zustand. Demnach bekamen sie als Ration bis zu fünf Liter Bier – am Tag, versteht sich! Außerdem wurde das Bier zur Medizin erhoben und so vom Heidengetränk, das den Kirchenoberen in Rom ein Dorn im Auge war, zu einem christlich anerkannten Heiltrank geadelt.

Allerdings war das, was die Bevölkerung den Mönchen als Abgabe vorbeibrachte, wenig schmack-, vor allem aber kaum nahrhaft. Selbst bei fünf oder mehr Litern dünnem und alkoholarmem Haferbier täglich meldete sich irgendwann der kleine Hunger. Die Gottesmänner erkannten natürlich, dass das Fasten deutlich angenehmer werden würde, je mehr Umdrehungen ein Getränk hatte. Also schickten sie sich beizeiten an, selbst ins Braugewerbe einzusteigen. Und das war sogar legitim: Der heilige Benedikt von Nursia legte schon im 5. Jahrhundert mit seiner berühmten »Benediktsregel«, ohne es zu wissen, den Grundstein für das Klosterbrauwesen, indem er bestimmte, dass die Mönche alles, was sie zum Leben brauchten, nach Möglichkeit selbst schaffen sollten – und zwar innerhalb der Klostermauern. Das galt zwar – Nursia liegt in den

Sybillinischen Bergen etwa 90 Kilometer von Rom entfernt – vorwiegend für den Wein. Aber dass es für Bier nicht galt, stand in der Regel nicht drin. Indem sie sich auf Benedikt beriefen, konnten die Mönche nördlich der Alpen ganz legal selbst einen Trank produzieren, der alle düsteren Gedanken ob der kulinarischen Entbehrungen einer Fastenperiode spätestens nach dem zweiten Krug hinfortspülte.

Nach und nach gründeten sich überall neue Abteien. Bald gab es alleine in Bayern rund 300 Klöster. Und weil die meisten Mönche aufgrund ihrer anspruchsvollen theologischen Ausbildung im Gegensatz zu den unbeholfenen Dorfbrauern lesen und schreiben konnten, hielten sie ihre verschiedenen Rezepte akribisch fest und perfektionierten sie im Laufe der Zeit. Anfangs verschenkten sie das Bier noch an Wanderer, Pilger oder Bettler, die an die Klostertüren klopften. Aber die Kirche wäre nicht die Kirche, wenn sie nicht irgendwann eine Geschäftsidee hinter dem klösterlichen Brauwesen gewittert hätte. Also etablierten sich zu den Klosterbrauereien die dazugehörigen Schenken, in denen man das, was die Äbte hinter ihren Mauern zubereiteten, auch gleich probieren konnte. Die Klöster konkurrierten gar untereinander um Gäste und Abnehmer, was der Qualität des Bieres selbstverständlich guttat.

Die vielen ältesten Brauereien der Welt

Um den Status der ältesten Brauerei der Welt streiten sich übrigens seit vielen Jahren etliche Braustätten. Die bekanntesten davon sind das Kloster Weihenstephan, das auf eine Braurechts-Urkunde aus dem Jahr 1040 pocht, und das Kloster Weltenburg, das zehn Jahre später dieses begehrte Zertifikat bekam und das Dokument der Weihenstephaner Kollegen anzweifelt, was inzwischen aufgrund neuer Beweise sogar begründet sein dürfte. Sicher nachgewiesen für Weihenstephan sind jedoch das von Bischof Otto von Freising (Otto war ein Onkel von Kaiser Barbarossa) vergebene Braurecht und Schankrecht aus dem Jahr 1146. Dass beide Braustätten jedoch mit diesen Gründungsdaten mitnichten die ältesten Produktionsstätten ihrer Art sind, wissen sie natürlich hier wie dort – und ist angesichts der viel weiter zurückreichenden Historie selbst der einigermaßen professionellen Erzeugung unseres Lieblingsgetränks eher ein Marketing-Gag: Der heilige Kolumban von Luxeuil beispielsweise richtete schon anno 612 in seinem oberitalienischen Kloster Bobbio eine kleine Brauerei ein, und im mächtigen Kloster St. Gallen gab es um das Jahr 820 herum sogar drei unterschiedliche gewerbsmäßige Braustätten, um der Nachfrage der weit über 100 Insassen und der zahlreichen Pilger aus nah und fern Herr zu werden. Das Tegernseer Brauhaus besitzt zudem ein Schriftstück, das zumindest beweist, dass im dortigen Benediktinerkloster, das 746 entstand, Bier auf jeden Fall ausgeschenkt wurde. Es ist eben alles eine Auslegungssache mit dem Alter …

Hier waren Hopfen und Malz nicht verloren

Wenigstens können sich die Weihenstephaner Mönche eine Idee auf die Fahne schreiben, die höchstwahrscheinlich wirklich keiner vor ihnen hatte – und die in der Tat Weltgeschichte schreiben sollte: Vermutlich waren sie es, die dem Bier erstmals den Hopfen hinzugaben. Jedenfalls gab es schon seit 768 einen Hopfengarten ein paar hundert Meter hinter dem Kloster, der später im Zuge der Brauerei-Errichtung immer weiter vergrößert wurde. Und das mit der Hopfenzugabe war, man kann es nicht anders sagen, eine echte Revolution! Diese unscheinbare Pflanze aus der Gattung der Hanfgewächse (sic!) gab dem Bier plötzlich eine ganz neue Note: Es wurde bitter. Das war das Ur-Bier der Germanen zwar auch. Bei denen stammte diese Geschmacksrichtung allerdings vorwiegend daher, dass etwa die mit in den Sud gerührte Baumrinde schon gehörig faulte, was nicht nur im Abgang einen, nun ja, kleinen Unterschied ausmachte.

Nein: Die Bitterkeit, die das Weihenstephaner Klosterbier auf einmal auszeichnete, war etwas ganz anderes als die gammelige Eigenart früherer Hausbiere. Sie war angenehm und schmackhaft, denn sie entsprang den ätherischen Ölen, die in jeder Hopfendolde zuhauf enthalten sind – und die so stark wirkten, dass bereits 200 bis 300 Gramm Hopfen pro Hektoliter Wasser ausreichten, um den kompletten Charakter des Bieres maßgeblich zu verändern. Wahrscheinlich hätte ein kühler Krug Weihenstephaner sogar dem alten Bierverächter Tacitus gemundet, hätte er dieses Brauverfahren noch miterlebt. Der Hopfen hatte sogar noch zwei weitere, unerwartete und positive Effekte: Er stabilisierte auch den Schaum. Und er machte das Bier haltbarer, weil er antiseptisch wirkt und die Vermehrung von Milchsäurebakterien unterdrückt, was dem pflanzlichen Gerbstoff namens Lupulin zu verdanken ist. Die schöne Folge: Man konnte das Bier nun bis zu einige Wochen lang aufbewahren, ohne es in der Erde vergraben zu müssen – was für den Handel nicht schlecht war.

Kurios an der mutmaßlichen Glanzidee der Weihenstephaner Mönche ist nur, dass bis zum heutigen Tag niemand so richtig weiß, wie denn überhaupt der Hopfen in den Freisinger Garten gelangt ist. Eigentlich handelte es sich dabei nämlich um eine Wildpflanze aus dem Mittelmeerraum, die von den dortigen

Bewohnern nie wirklich kulturell genutzt worden ist. Wahrscheinlich brachte sie ein Abt von einer Auslandsreise mit – immerhin eigneten sich die frischen Hopfenblüten ganz gut als Zwischenmahlzeit, wenn gerade nichts anderes da war. Unter Umständen verdanken wir es also nur einem glücklichen Zufall, dass ein bayerischer Gottesmann eines schönen Tages eine Handvoll Hopfen in seinen kochenden Sud gegeben hat, die er eigentlich nur als kleinen Snack für zwischendurch in der Kuttentasche bei sich trug.

Wie auch immer: Hopfen als dokumentierte Zutat für den Brauprozess kommt erstaunlicherweise erst wieder in den Werken Hildegards von Bingen vor, einer klugen Nonne, die von 1098 bis 1179 als Benediktinerin gelebt und gewirkt hat. Im Kern ihrer Lehre empfiehlt sie vor allem ausgewogene Ernährung sowie den Konsum von Kräutern, Gewürzen und verträglichem Getreide wie Dinkel. Aber in ihrem Buch »Causae et Curae«, übersetzt etwa »Ursachen und Behandlungen«, rät die heilige Heilkundlerin auch zu einem kräftigen Schluck Bier gegen allerhand Krankheiten. Das Getränk förderte ihrer Meinung nach die Regeneration des Körpers und stärkte das Allgemeinbefinden. Das aber lag Frau von Bingen zufolge jedoch weniger am Hopfen. Der trocknete demnach vielmehr die Eingeweide aus und förderte die Melancholie. Aber er führte ihren Erkenntnissen nach wenigstens dazu, dass das Bier nicht so schnell verdarb. Und genau dieser Passus im mittelalterlichen Bestseller von Bingens gilt als erster Nachweis seiner regelmäßigen Verwendung. Langsam, aber sicher wandelte sich das Bier zu dem Produkt, das es im Kern noch heute ist.

Der sagenumwobene Trank der germanischen Götter wurde also mehr als nur salonfähig. Mit Bier konnte man plötzlich richtig viel Geld verdienen. Und die Menschheit wäre nicht die Menschheit, hätte das nicht früher oder später zu einer Menge Ärger geführt. Doch der Reihe nach: Das Hausbrauen wurde, auch um gewissen Gefahren vorzubeugen, immer öfter von der Obrigkeit untersagt. Immerhin wussten die Leute ja längst, dass zu einem anständigen Sud auch ein anständiges Feuer gehörte. Das jedoch machte nicht selten das ganze Dorf dem Erdboden gleich, wenn es außer Kontrolle geriet, weil die Hausbrauerin – zumindest die private Bierproduktion war damals oft reine Frauensache – entweder zu tief in den Kessel geschaut hatte oder schlichtweg mit den Flammen überfordert war.

Und so professionalisierte sich das Brauwesen weiter: Bäckereien wurden zu Brauereien umgewidmet oder gleich als Getreide verarbeitende Doppelbetriebe samt eigener Mühle geführt. Die Klöster indes begannen, sich auf eine spezielle Biersorte zu konzentrieren, und bauten nach und nach teilweise selbst für gegenwärtige Maßstäbe beachtliche Großunternehmen auf. Von einer der zeitweise zehn parallel existierenden Nürnberger Abteien ist unter anderem überliefert, dass sie in einem guten Jahr umgerechnet bis zu 300 000 Liter Bier ausschenkte – und das, obwohl die Stadt damals gerade einmal 12 000 Einwohner hatte.

Weil sich, wie man an derartigen Mengen sehen konnte, das Bier neben dem Brot längst zum Grundnahrungsmittel gewandelt hatte, das bei Bauers daheim schon auf dem Frühstückstisch gereicht wurde, erhoben die Landesfürsten schließlich Steuern auf jeden verkauften Eimer. Oder aber sie monopolisierten das Brauwesen und erklärten kurzerhand, das alleinige Recht zur Erteilung einer Art Lizenz zu haben, und vergaben diese gegen einen stattlichen Obolus. Der Erste, der sich seine Erlaubnis bezahlen ließ, war der gerade einmal 19-jährige, aber umso geschäftstüchtigere Kaiser Otto II., der im Jahr 974 der Kirche von Lüttich seinen Segen zur Bierherstellung erteilte. Diese freche staatliche Abzocke wurde von Ottos Kollegen vor allem dort betrieben, wo sich kleinere Braubetriebe gründeten. An die vorwiegend in Süddeutschland ansässigen Klöster, die es schon viel länger gab, trauten sich die gierigen Könige und Fürsten nicht recht heran. Jetzt, wo man sich gerade erst mühsam vom heidnischen Waldmenschen zum domestizierten Christen gewandelt hatte, wollte man es sich mit der Kirche nicht versauen.

Dort aber, wo keine Klöster existierten und das Bier in zahllosen privaten oder städtischen Braustätten hergestellt wurde, regte sich verständlicherweise schnell eine Menge Unmut gegen die neuen Abgaben. Immerhin hatte Heinrich I., wegen seiner Vorliebe für die Finkenjagd Heinrich der Vogler genannt, einen Präzedenzfall geschaffen, indem er als Herzog von Sachsen und König des Ostfrankenreichs großzügig bestimmte, dass jede Stadt und jeder vollwertige Bürger im Zuge der Errichtung von Lebensmittellagern auch die Herstellung und den Verkauf von Bier selbst in die Hand nehmen dürfte – eine Art Generalvollmacht fürs Bierbrauen also. Und davon machten viele Städte Gebrauch. Regensburg, Münster oder aber Dortmund beispielsweise brauten selber und ohne irgendwelche hohen Gebühren zu berappen.

Die Claims waren dabei genau abgesteckt. Wenn sich ein Ochsenkarren mit ein paar Fässern Bier von einer Stadt in die andere wagte, dann gab es mindestens Saures; schlimmstenfalls wurde der Lieferant gleich in seinen eigenen Fässern ertränkt! Immerhin war der Stoff eine gute Einnahmequelle für die Kommunen – für manche wahrscheinlich sogar die einzige. Denn die ließen sich sehr wohl Steuern von den Brauereien bezahlen, wenn sie diese nicht in Eigenregie betrieben, obwohl sie sich selbst meist vor den Entgelten an die Landesfürsten drückten. Aber Politiker waren eben auch früher schon ein bisschen gleicher als andere Menschen. Jedenfalls gab es immer wieder Streitigkeiten zwischen einzelnen Städten, die zu regelrechten Bierkriegen eskalierten. Die Zahl der größeren und kleineren Auseinandersetzungen rund um Schank- und Braurechte, Verkaufsgebiete, Steuern und Mindestpreise können selbst akribische Historiker nur schätzen. Einige hundert dürften es aber zwischen dem Jahr 1000 und dem Spätmittelalter gewesen sein. Was heute jedoch allenfalls nach einem spielerischen Wettkampf um ein paar Fässer Rotbier klingt, die man gemeinsam in geselliger Runde nach dem Kampf aussoff, war damals kein Spaß. Oft gab es sogar Todesopfer zu beklagen, und der Kollateralschaden war ebenfalls enorm.

Eine der bekanntesten Fehden ist der Bierkrieg zwischen Görlitz und Zittau. Der fand 1491 statt und führte dazu, dass sich die Bewohner der beiden nur rund 15 Kilometer voneinander entfernten Orte noch heute in etwa so gut leiden können wie ein Kölner eine zünftige Altbierkneipe. Und das kam so: Eigentlich durfte die Stadt Zittau ihre Brauerzeugnisse zollfrei auch in Görlitz vertreiben – das hatte den Zittauern jedenfalls König Wenzel knapp 80 Jahre zuvor erlaubt. Diese Erlaubnis widersprach jedoch einer anderen Regelung, die wiederum 50 Jahre zuvor Kaiser Karl IV. erlassen hatte und die vorsah, dass in und um Görlitz ausschließlich Görlitzer Bier in die Krüge kommen durfte. Und so stritten sich die beiden Städtchen knapp 130 Jahre lang immer mal wieder um die Vorherrschaft am lokalen Biermarkt. Am 29. Mai 1491 dann lauerten einige Görlitzer Halbstarke kurz vor der Zittauer Stadtgrenze einer Bierlieferung auf, verprügelten die Fahrer und verschütteten den Inhalt der Fässer im Wald, wo die Stelle lange Zeit als »Bierpfütze« berüchtigt war. Die Gegenseite ließ sich nach dieser Provokation nicht lange bitten, überfiel ein paar Tage später ein zu Görlitz gehörendes Dorf, raubte den Bewohnern das gesamte Vieh und feierte mit der Beute (und dem eigenen Bier natürlich) ein opulentes Grillfest. Nach einigen weiteren Scharmützeln stellte Görlitz schließlich eine 2000 Mann starke Truppe zusammen, die einen möglichen neuen Zittauer Angriff blutig niederschlagen sollte. Erst als angesichts dieser Eskalation der besorgte Landvogt eingriff, beruhigte sich die Lage wieder. Das Bier der jeweils anderen Gemeinde aber wird in der Oberlausitz bis heute nicht getrunken.

Doch man musste sich nicht nur um das Bier als solches streiten, um sich gegenseitig das Leben schwerzumachen. Bier konnte auch als lapidarer Auslöser eines jahrelangen Zwistes dienen: Der Liegnitzer Herzog Ruprecht I. wollte seinem Bruder Heinrich VII., seines Zeichens Herzog von Breslau, lediglich ein schönes Weihnachtsgeschenk bereiten, als er kurz vor Heiligabend 1380 eine Fuhre Schweidnitzer Bier losschickte. Ruprecht hatte aber nicht mit den Breslauer Dom-Oberen gerechnet, die das Bier beschlagnahmen ließen und aufgrund des Verstoßes gegen die lokalen Einfuhrbestimmungen eine drakonische Strafe verhängten. Sie schlossen die Stadt aus der katholischen Glaubensgemeinschaft aus. Das bedeutete, dass es in Breslau keine Gottesdienste, keine Taufen und keine christlichen Begräbnisse mehr geben durfte. Was in unseren Tagen wahrscheinlich höchstens ein leichtes Achselzucken nach sich ziehen würde, war damals ein schwerer Schlag für die strenggläubigen Bewohner. Der kuriose Festbier-Zoff erreichte nach einiger Zeit sogar Papst Urban VI. im fernen Rom. Er versuchte zu schlichten und bewegte nach langem Zureden den beleidigten Heinrich zum Rückzug. Erst nach diesem Schritt, rund eineinhalb Jahre später, im Frühjahr 1382, wurde das sogenannte Interdikt wieder aufgehoben. Die Bürger durften wieder in die Kirche, und Breslau fand zurück zum Frieden.

Weil aber Bier nun mal epochenunabhängig eine hochemotionale Angelegenheit ist, konnte man sich auch in der jüngeren Vergangenheit noch wunderbar in die Wolle kriegen, wenn auch unblutiger als in den Hunderten Jahren zuvor: 1907 etwa tobte in Bamberg ein kurzer Bierkrieg, weil die lokalen Brauereien gemeinsam beschlossen, den Preis für eine Halbe um einen auf sagenhafte elf Pfennig heraufzusetzen. Wirte und Wirtshausbesucher waren entsetzt, obwohl die letzte Preiserhöhung über 100 Jahre zurücklag. Gemeinsam fuhr man kurzerhand ins knapp 30 Kilometer entfernte Forchheim und kaufte dort die Keller leer. In Bambergs Kneipen wurde sieben Tage und sieben Nächte lang nur Forchheimer Bier getrunken. Nach dieser schwarzen Woche mit genau null Litern Absatz ruderten die ortsansässigen Brauer dann doch lieber zurück und senkten den Preis wieder auf zehn Pfennig. Am Ende bleibt uns noch die erstaunliche Erkenntnis, dass man sich auch schon stritt, weil das Bier billiger werden sollte: Am 11. Februar 1932 beschloss die Hamburger Landherrenschaft, als »Fürsorgemaßnahme aus Anlass der fortschreitenden Teuerung« den Preis für einen Liter zu senken. Da aber machten die Gastronomen nicht mit, die um ihr angesichts der Wirtschaftskrise ohnehin karges Einkommen fürchteten. Nahezu alle Wirte im Stadtgebiet traten in einen dreiwöchigen Ausstand – den »Hamburger Bierstreik«. Nach Ablauf der ersten Woche befasste sich die Reichsregierung in Berlin mit den seltsamen Vorgängen an der Elbe. Das wiederum rief die Berliner Wirtskollegen auf den Plan, die nun ebenfalls streikten, weil sie ähnliche Maßnahmen für die Hauptstadt befürchteten. Sie demonstrierten stattdessen für eine Steuersenkung, um das Pils bezahlbar zu halten. Und so kam es auch: Durch den Druck der Kneipiers beschloss das Kabinett am 19. März 1932 die Senkung der Biersteuer. Ein Beispiel, das zeigt, dass wir Deutsche einfach zu selten auf die Straße gehen …

Schwerter zu Braukesseln

Doch zurück zu den Jahren, in denen unser Land langsam, aber sicher zur wahren Heimat des Bieres wurde. Was wir – wer hätte das gedacht – übrigens nicht den Bayern verdanken, sondern den Norddeutschen. Natürlich tranken die Bajuwaren auch gerne mal eines ihrer vielen Klosterbiere. Aber eben auch und vor allem den ein oder anderen Schoppen Wein, der gerade in und um Würzburg anscheinend von so herausragender Qualität war, dass er mancherorts selbst das süffigste Bier vollständig zu verdrängen drohte. An der Waterkant jedoch bildete sich praktischerweise die Hanse, eine Kaufmannsvereinigung, die neue Märkte erschloss und sich nachhaltig im Im- und Export-Business engagierte. Bremen etwa war seit 1260 Hansestadt und besaß praktischerweise schon kurz danach auch noch ein paar stattliche Brauereien. So konnte das Bremer Bier gleich ohne großen Papierkram und anderes Gedöns verschifft und in andere Hanse- oder zumindest wirtschaftliche Partnerstädte nach Belgien, Schweden oder Norwegen geliefert werden, wo man es schon sehnsüchtig erwartete. In Hamburg tat sich dasselbe. Hier bildeten sich zeitweise bis zu 600 selbständige Brauereien, in denen nahezu die Hälfte aller erwerbstätigen Hamburger beschäftigt war – in München dagegen waren es zur selben Zeit nicht einmal 20. Die Folge: Norddeutsches Bier gab es in halb Europa und sogar in Teilen Russlands. Das Brauwesen war, das kann man so sagen, also gewissermaßen die Automobilindustrie des 13. und 14. Jahrhunderts.

Natürlich verschifften die Hansestädter ihre kostbaren Flüssigerzeugnisse nicht nur in andere Länder. Sie tranken sie auch selbst recht gern: In den Archiven Hamburgs und Bremens lagern dutzendweise Aufzeichnungen, die belegen, dass ein durchschnittlicher Matrose damals locker zwölf Liter Bier am Tag in sich hineingoss. Abrechnungen von diversen kleineren Auseinandersetzungen der Hanse mit verfeindeten Gemeinden etwa in Dänemark hielten außerdem fest, dass die Ratsherren regelmäßig weitaus mehr Mittel fürs Bier ihrer Soldaten aufwenden mussten als für Waffen. Tja, damals setzte man eben noch die richtigen Prioritäten. Nur mal so zum Vergleich: Der Umsatz der Braubranche in Deutschland beträgt gegenwärtig grob geschätzt rund acht Milliarden Euro; der Etat des Bundesverteidigungsministeriums dagegen liegt bei fast 33 Milliarden. Das ist, im Sinne eines friedlichen Mitein-anders, wahrscheinlich kein besonders gutes Verhältnis.

Bayerns Bock auf Starkbier

Und was war nun mit Bayern? Immerhin ist es schon kurios: Während heute das Staatliche Hofbräuhaus zu München offi-zielle Ableger auf der ganzen Welt hat, in denen einheimische Bedienungen mit Dirndl zu Blasmusikklängen urbayerische Bierkultur als deutscheste aller deutschen Lebensarten zur Schau stellen, sah die Bierlandkarte vor 500 Jahren noch kom-plett anders aus. Ausnahmen wie Amberg mit seinen zeitweise bis zu 40 selbständigen Brauereien bestätigten allenfalls die Regel, dass die meisten Menschen südlich der Mainlinie mit Bier nicht allzu viel anfangen konnten. Das stellte auch der schwedische Bischof Olaf Magnus fest, als er im Jahr 1502 von einer Romreise zurück in seine Heimat kam: »Das Bier wird nach Norden immer besser«, notierte er, nachdem er sich wochenlang durch viele verschiedene Brauereien entlang des Weges gekostet hatte – und er hatte damit absolut recht. Die-ser bemitleidenswerte Zustand änderte sich erst, als eine außergewöhnliche Erfindung ausgerechnet aus der Nähe von Hannover nach Bayern gelangte. Und das kam so:

Das Städtchen Einbeck hatte sich seit dem 14. Jahrhundert ebenfalls einen Namen als Kompetenzzentrum für Bier ge-macht. Die dortigen Offiziellen waren gar besonders rührig, wenn's ums Geldverdienen ging, und vergaben eine Braulizenz nach der anderen. Zwar gab es nur einen städtischen Brau-meister. Der aber kam gegen Gebühr überall dorthin, wo man sein eigenes Bier herstellen wollte. Hunderte Einbecker Fami-lien ließen sich dieses Geschäft nicht entgehen und überboten sich gegenseitig mit neuen Rezepten. Um sich von der leidigen Konkurrenz abzusetzen, machten die Einbecker ihr Bier nach und nach immer stärker – so konnten sie einen höheren Preis dafür verlangen und es auch in ferne Absatzmärkte versenden, weil es sich wegen des Alkoholgehalts lange genug für diesen Zweck frisch hielt. Der angenehme Nebeneffekt der Promille-Steigerung war: Das Zeug schmeckte den meisten Kunden schlichtweg besser als die deutlich leichtere Plörre, die es sonst zu kaufen gab und von der die Matrosen – wie schon beschrieben – nahezu ein halbes Fass brauchten, um endlich einen im Tee zu haben.

Weil das Einbecker Starkbier im Zuge dieses Aufschwungs sogar bis nach Italien geliefert wurde, gelangte es auf der Durchreise irgendwann auch nach Bayern. Aus der ursprünglichen Schreibweise des Exportschlagers aus »Ainpöck« machte der Bayer entweder aus Ignoranz, der Einfachheit halber oder schlicht wegen zwei, drei Maß zu viel schließlich den »Bock«. Und der kam richtig gut an im Land der Lederhosen: Ab dem Jahr 1550 war Einbeck ganz offizieller Hoflieferant des amtierenden Herzogs Albrecht V., zu dessen Vater wir gleich noch kommen. Dumm nur, dass die ständigen Lieferungen aus der beinahe 500 Kilometer entfernten Bierstadt ordentlich ins Geld gingen und so den Staatshaushalt belasteten. Der war ohnehin schon aufgrund der zahlreichen Ausgaben Albrechts für antike Skulpturen oder historische Münzen recht strapaziert. So gern er den Bock auch genoss, so sehr fürchtete der Kunstfreund und Schluckspecht, dass ihm seine Untertanen irgendwann die stetig steigenden Luxusausgaben vorhalten würden. Aber noch war der Durst stärker als die Vernunft.

Als Albrecht mit 51 Jahren starb und sein Sohn Wilhelm V. die Geschicke übernahm, erkannte dieser schnell, dass es so nicht weitergehen konnte. Seine naheliegende Idee: Man könnte doch eigentlich auch vor Ort ein Bier nach Einbeck'scher Brauart herstellen. Schon 1573 ließ er daraufhin das erste bayerische Hofbräuhaus auf der Burg Trausnitz in Landshut errichten. Am 27. September 1589 gab er dann den Bau eines weiteren Hofbräuhauses am Münchner »Platzl« in Auftrag, das 1591 fertiggestellt wurde.

Doch zu Anfang war die gute Idee des Herzogs eher theoretischer Natur. Kein Bier schmeckte Wilhelm so sehr wie das verehrte Lieblingsgetränk aus dem Norden. Die Brauer wechselten sich ab wie heute die Trainer bei 1860 München, und es dauerte sage und schreibe 21 entbehrliche Jahre, bis endlich jemand Geschmack und Alkoholgehalt so authentisch hinbekam wie beim schmackhaften Vorbild aus der niedersächsischen Provinz. Was aber auch wiederum kein Wunder war. Jener Meister seines Faches war nämlich vom total frustrierten Wilhelm kurzerhand in Einbeck abgeworben worden, was man dort natürlich nicht besonders erquicklich fand. Wenn man so will, war dieser Transfer der Beginn einer umstrittenen bayerischen Transferpolitik, die heute vielleicht nicht den Brauereien im Rest Deutschlands, aber dafür Millionen Fußballfans auf die Nerven geht.

Das Erbsenbierverbot von 1516

Aber vor lauter Bock haben wir gerade ein Datum übersprungen, das nicht nur in Bayern, sondern auf der ganzen Welt für Furore sorgte – und dessen 500. Wiederkehr natürlich ein Anlass auch für dieses Buch ist: Am 23. April 1516 wurde in Ingolstadt ein Gesetz beschlossen, das im Gegensatz zu den meisten der rund 150 000 Einzelvorschriften, die es in Deutschland gegenwärtig zu beachten gilt, wirklich einen Sinn ergibt. Oder wenigstens ergeben hat. Und das maßgeblich war für den weiteren Siegeszug des Bieres: das weltberühmte, einzigartige, weitsichtige, bahnbrechende Bayerische Erbsenbierverbot, pardon: Bayerische Reinheitsgebot!

Festgelegt wurde es vom Vater unseres vorhin schon erwähnten Einbeck-Fans Albrecht V., Herzog Heinrich IV. und Ludwig X., dessen Bruder. Beide Herren waren wie die gesamte Adelsfamilie große Bierliebhaber und neidisch auf die gleichbleibend hohe Qualität, die ihr Lieblingsgetränk erreichte, wenn es denn nur aus dem hohen Norden kam. Dort, in den Hansestädten oder auch im nahen Einbeck, sorgten strenge Bestimmungen dafür, dass nicht allzu viel Mist für die Herstellung verwendet wurde, und verpflichteten die Zünfte, ein Auge auf die Produzenten zu werfen. Daheim aber ließ der Trinkgenuss oft genug zu wünschen übrig. Viele bayerische Brauer verdünnten je nach Bedarf ihren Sud, um mehr Geld damit zu verdienen. Einige Scharlatane weigerten sich zudem, verdorbenes Bier umgehend wegzuschütten, und schenkten es aus, solange es keine Blasen warf oder sich verfärbte. Und obwohl drastische Strafen auf derartige Panschereien standen, verwendeten besonders kriminelle Kollegen eher untypische Zutaten wie Ruß oder Ochsengalle für ihre umgekippte Spezialität, nur um den sauren Geschmack zu überdecken. Manch ein nichtsahnender Zecher starb dann nach dem Genuss einer dergestalt gestreckten Ekel-Maß, welche im Grunde genommen schon damals die unselige Tradition der absonderlichen Biermischgetränke wie Bananen-Weizen oder Berliner Weiße begründete. Dabei wusste schon Kaiser Friedrich I. Barbarossa (1122–1190): »Wenn ein Bierschenker schlechtes Bier macht, soll er gestraft werden. Überdies soll das Bier vernichtet oder den Armen umsonst ausgeteilt werden«, wobei das mit den Armen sicherlich nicht böse gemeint war.

Allerdings schmeckte das Bier des 16. Jahrhunderts sowieso nicht so wie unser heutiges. Zwar stammte die Würze auch damals schon aus den traditionellen Brotgetreidesorten Gerste, Hafer und Weizen – und Hopfen, wenn man sich diesen leisten konnte. Aber wenn die Ernte mal schlecht war oder man das Korn doch eher für die feste Nahrung benötigte, dann verwendete man auch gerne mal einen Sack Erbsen oder ein paar Kilo Bohnen für den Sud. Die Hauptsache war, dass sich nur ausreichend Stärke in der jeweiligen Zutat befand. Und je nach Gusto gaben manche Brauer dann noch Gewürze wie Kümmel, Salz oder Wacholderbeeren hinzu.

Natürlich wurde das Bier ab und zu auch in Bayern von Staats wegen kontrolliert – gleichwohl auf eine eher unorthodoxe Weise. Die gängigste Qualitätsprüfung sah vor, dass sich der amtliche Tester mit seiner Lederhose auf einen Stuhl setzte, auf den zuvor ein Krug Bier ausgekippt worden war. Nach zwei Stunden stand der Prüfer auf, und wenn die Hose am Stuhl kleben blieb, galt das als Beweis, dass genügend Malz im Bier und das Produkt somit gut war – von Erbsen oder Bohnen war dabei nicht die Rede. Bei schlimmen Verstößen – etwa, wenn mehrere Zecher vom Genuss eines Bieres krank geworden waren oder starben – mussten die Brauer ihre minderwertige Brühe selbst trinken. Das schreckte einige schwarze Schafe dann doch durchaus ab. Aber anhaltend besser wurde die Braudisziplin erst, als an jenem historischen Apriltag eine einheitliche Regelung beschlossen wurde.

Landadel, Stadtherren und Ritter versammelten sich also auf dem Ingolstädter Landstädtetag, einer Art vorrepublikanischer Kabinettssitzung. Dort nahmen sie sich dann der drän-

43

genden Themen des Stammesherzogtums an. Unter anderem stand auf der Tagesordnung auch die anhaltende Misere innerhalb der bayerischen Bierbranche, die es mit sich brachte, dass etwa Nürnberger Bier aufgrund der dortigen Leitlinien und Inspektionen hervorragend schmeckte – und schon zehn Kilometer weiter westlich ein ziemlicher Dreck in den Fässern schwamm. So zog man bereits existierende, restriktive Vorschriften wie die Münchner oder Landshuter Regelungen zu Rate, befand diese für gut und bezog sie in die neue »Landes- und Polizeiordnung« ein, die endlich in ganz Bayern Gültigkeit haben sollte. In dem neugefassten Passus hieß es unmissverständlich auf fünf knappen Zeilen: »Ganz besonders wollen wir, dass forthin allenthalben in unseren Städten, Märkten und auf dem Lande zu keinem Bier mehr Stücke als allein Gersten, Hopfen und Wasser verwendet und gebraucht werden sollen. Wer diese unsere Anordnung wissentlich übertritt und nicht einhält, dem soll von seiner Gerichtsobrigkeit zur Strafe dieses Fass Bier, so oft es vorkommt, unnachsichtig weggenommen werden.« Das bedeutete im Klartext: Mit Erbsen und Bohnen war nun Sense!

Damit war zunächst alles geklärt. Weitgehend jedenfalls. 1548 fiel das Verbot, den im Vergleich zur Gerste eher kostbaren Weizen zum Bierbrauen zu verwenden. Drei Jahre später genehmigte eine überarbeitete Brauordnung der Stadt München erstmals die bewusste Verwendung von Hefe. Ohne die ging es naturgemäß zwar auch vorher nicht, doch womöglich war den Brauern ihre Wirkung im Zusammenhang mit der alkoholischen Gärung nicht bekannt. Und sogar der zuvor in Sachen Bierqualität hochgelobte Norden zog nach: Hamburg übernahm den Inhalt der Ingolstädter Verordnung anno 1695, wenn auch mit anderem Wortlaut. Schritt für Schritt ersetzte das innovative und unmissverständliche Gesetz die zahlreichen alten Schank- und Brauordnungen.

Auch wenn es noch eine ganze Weile dauerte, bis sich diese Richtlinie wirklich überall im deutschen Sprachraum manifestierte – Baden folgte erst 1896, Württemberg 1900 –, eingehalten wurden die vorbildlichen bayerischen Vorschriften auch zuvor einigermaßen strikt. Niemand wollte sich dem Verdacht aussetzen, minderwertige Zutaten für sein Bier zu verwenden. Immerhin war die Konkurrenz auf dem Biermarkt vor zwei-, dreihundert Jahren wirklich riesig. Ab 1906 galt das Reinheitsgebot dann schließlich und endlich im gesamten Kaiserreich. Und zwölf Jahre später, nach einer Sitzung des bayerischen Landtages am 4. März 1918, hieß es dann auch so. Vorher hatte dieses unübertroffene Gesetz gar keinen Namen.

Doch wieder Erbsenzähler – und 66 Zusatzstoffe

Das richtungweisende Reinheitsgebot von 1516 bildete folglich den würdigen Abschluss einer jahrtausendelangen Entwicklung, die von in Wasser aufgelösten Fladenbroten bis zu lebensgefährlichen Sauerbieren mit Tierpräparaten reichte. Aus Hunderten verschiedenster Zutaten von Ahornrinde bis Zinnkraut blieben im Zuge der Evolution des Bieres am Ende gerade einmal drei übrig, aus denen man – dazu kommen wir noch – trotzdem unzählige verschiedene Varianten produzieren konnte und kann. Doch natürlich gab es selbst bei einem so klaren und in sich logischen Gesetz einige Erbsenzähler, die daran etwas auszusetzen hatten.

Eine Handvoll eifriger Berliner Beamten etwa hielt die Regelung anno 1918 bereits für überholt, obwohl sie sich im gesamten Kaiserreich zwölf Jahre lang prima bewährt hatte. Die

Staatsdiener wollten aber nicht ausschließen, dass dem Bier in naher Zukunft möglicherweise neue Substanzen beigemengt werden dürfen. Man konnte ja nie wissen, was die industrielle Entwicklung nach dem Ende des Ersten Weltkrieges noch an Überraschungen parat hielt – waren doch gerade erst der Reißverschluss, hitzebeständiges Glas und die elektrische Ampel erfunden worden, und diese praktischen Fertigsuppen von Maggi gab es schon seit annähernd 20 Jahren. Ein 400 Jahre altes Lebensmittelrecht erschien angesichts dieser gesellschaftlichen Meilensteine doch recht altmodisch. Doch wenigstens dieses eine Mal zahlte sich die bayerische Sturheit gegenüber den ignoranten Saupreußen aus: Der Freistaat drohte Reichspräsident Friedrich Ebert nämlich damit, dem ganzen parlamentarischen Demokratiequatsch gar nicht erst beizutreten, würde das bestehende Reinheitsgebot nicht auf diese seltsame Weimarer Republik ausgedehnt. Zumindest will es so die Legende – und immerhin kam es so auch, was 1923 dann im sogenannten Deutschen Biersteuergesetz festgeschrieben wurde.

Nach dem Zweiten Weltkrieg wiederum hatten die Deutschen ganz andere Probleme, als sich ausgerechnet der Reinheit ihres Bieres zu widmen. Viele hungernde Menschen fanden es wohl eher befremdlich, dass in diesen Zeiten extremer wirtschaftlicher Knappheit wertvolles Getreide ausgerechnet für ein Genussmittel wie Bier verwendet werden sollte, wo man doch in manchen kargen Wochen gerade einmal 1,5 Kilo Brot für seinen Bezugsschein bekam. Also drückten zumindest die amerikanischen und britischen Besatzer ein Auge zu und genehmigten Kartoffelflocken, Zuckerrübenschnitzel oder auch Hirse für den Brauprozess. Das dermaßen gestreckte Dünnbier nach dem Krieg wurde zu einem der Sinnbilder der Stunde null. Erst 1952 ging es dem Land und seinen Menschen wieder wenigstens so gut, dass das Biersteuergesetz von vor 29 Jahren bundesrepublikanisch neuaufgesetzt werden – und man zu den bewährten drei Inhaltsstoffen zurückkehren konnte.

Im Westen war also wieder alles beim Alten, im Osten nicht ganz: Die DDR-Führung genehmigte – aus ähnlichen Erwägungen wie der imperialistische Klassenfeind kurz nach dem Krieg – zusätzlich zu Wasser, Hopfen und Malz noch die optionalen Zutaten Ascorbin- oder Milchsäure, Gerstenrohfrucht, Kieselgel, Natriumsaccharin, Pepsinkonzentrat, Reis- oder Maisgrieß, Salz, Stärkecouleur, Tannin und Zucker; je nachdem, was die verschiedenen VEB gerade dahatten. Zum Glück hatte es damit 1990 ein Ende: In Artikel 9 des deutsch-deutschen Einigungsvertrags wurde geregelt, dass DDR-Recht nur dann fortbestand, wenn es mit dem BRD-Grundgesetz vereinbar war. Und das war Bier mit Zucker ganz sicher nicht.

Doch auch mit der leidigen EU und ihrer Vorgängerorganisation mussten wir uns lange und ausdauernd herumschlagen: Es war Anfang der siebziger Jahre, in denen andere Staaten begannen, gegen die rigorosen deutschen Bestimmungen auf dem Biermarkt aufzubegehren. Hierzulande durften nämlich ausländische Biere nicht unter der Bezeichnung »Bier« verkauft werden, wenn diese nicht nach dem Reinheitsgebot gebraut waren. Und das waren verdammt wenige: Immerhin war es außerhalb Deutschlands üblich, nicht nur Reis oder Mais zu verwenden, sondern – vor allem in England oder den USA – auch Konservierungsmittel, Geschmacksverstärker, Stabilisatoren oder sonstige Pülverchen, die es eigentlich überhaupt nicht bräuchte. Enthielten also Getränke schlimmstenfalls dieses chemische Zeug, kamen sie in Deutschland per Gesetz gar nicht erst ins Ladenregal. Nach jahrelangen Streitigkeiten und einer Klage der Europäischen Kommission urteilte der Europäische Gerichtshof 1987, dass die deutschen Vorschriften zu streng waren. Die Folge: Das Verkaufsverbot für Biere, die vorher nicht als Biere galten, musste aufgehoben werden. Wir dürfen also seitdem selbst entscheiden, was uns ins Glas kommt und was nicht.

Seit 2005 regelt eine neue »Bierverordnung«, was denn noch als Bier bezeichnet werden darf – natürlich im schönsten Beamtendeutsch. Ehrlicherweise muss man sagen, dass in diesem etwas sperrig abgefassten »Nachfolgegesetz« des Reinheitsgebotes dann doch erstaunliche 66 Roh-, Zusatz- und Verarbeitungsstoffe zugelassen sind, die für den Brauprozess über Hopfen, Malz und Wasser hinaus verwendet werden dürfen. Grundvoraussetzungen dafür sind allerdings, dass diese Stoffe erstens technisch notwendig sind, zweitens, wie beruhigend, keine chemischen Reaktionen im Bier hervorrufen und drittens »bis auf gesundheitlich, geruchlich und geschmacklich unbedenkliche, technisch unvermeidbare Anteile«, wie es heißt, wieder ausgeschieden werden. Erlaubt sind zum Beispiel Aktivkohle (zur Filtration), Calciumchlorid (zur Wasseraufbereitung), Essigsäure (zur Desinfektion der Anlagen), Hanf (zur Verbesserung der Haltbarkeit), Milchsäure (als Geschmacksmittel), Ozon (zur Entkeimung) oder Schwefelsäure und Zink (zur Hefeverbesserung). Das klingt zwar alles ekliger, als es ist, führt aber in der Tat zu dem in Brauerkreisen immer umstritteneren Widerspruch, dass andere, vollkommen natürliche Inhaltsstoffe wie Gewürze oder Früchte nach wie vor nicht eingesetzt werden dürfen, wenn das Produkt am Ende des Produktionsprozesses ein deutsches Bier sein soll.

Immerhin: Zahlreiche kleine der rund 1350 deutschen Brauereien brauen schon aus Kosten- und Logistikgründen noch immer strikt nach dem Reinheitsgebot von 1516, und auch in sogenannten Öko- oder Biobieren finden sich die meisten der eigentlich statthaften Ergänzungen nicht. Im Kern aber ist das 500 Jahre alte Gesetz freilich immer noch gültig, und das ist auch gut so. Leider haben sich bis heute flächendeckend nur die Schweiz und Norwegen diesem großartigen Dekret angeschlossen und ähnlich lautende restriktive Regelungen für die Bierherstellung eingeführt. In den letzten Jahren aber gab es einen zunehmenden Trend zu puristischen Rezepten auch in jenen Ländern, die bis dato zu den schlimmsten Panschern auf dem Markt gehörten – wie etwa den USA. Und so ist das Bier heute zumindest weitgehend das, was es fast immer war: eines der natürlichsten Produkte der Welt.

DAS BIER
UND SEINE ZAHL-
REICHEN VARIANTEN

Ein paar Zutaten, 12 000 Sorten,
eine Million Geschmacksrichtungen

Vorsichtigen Schätzungen zufolge gibt es – Reinheitsgebot hin, Reinheitsgebot her – weltweit etwa 12 000 unterschiedliche Biersorten in wahrscheinlich einer Million Varianten, von denen keine exakt so schmeckt wie eine andere. Und mit den verrücktesten davon wollen wir uns hier beschäftigen. Doch zuvor müssen wir eine wirklich elementare Frage klären: Wie, beim heiligen Gambrinus, kann es sein, dass ein Produkt, das vorwiegend aus lediglich drei oder vier Zutaten besteht, so unfassbar viele Geschmacksrichtungen haben kann? Natürlich schmeckt, sagen wir mal, auch Coca-Cola deutlich anders als Pepsi. Das aber liegt schlicht und ergreifend daran, dass die zugesetzten Inhalts- und Aromastoffe des Brausegiganten aus Atlanta (und das sind deutlich mehr als vier) eben vollkommen andere sind als die der Konkurrenz aus Purchase im Bundesstaat New York. Höchstens beim Wein mag das mit der natürlichen Geschmacksvielfalt noch ähnlich sein, aber die Sache mit den Primär-, Sekundär- und Tertiäraromen dort ist ein ganz anderes Thema, das schon Generationen von affektierten Wichtigtuern beschäftigt und der Spuckeimer-Industrie zum ungeahnten Aufschwung verholfen hat. Dafür ist die Weinherstellung im Vergleich zum Brauprozess echt Pipifax,

51

nicht umsonst spricht man vollkommen zu Recht von der Braukunst, während man von der Wein- oder Kelterkunst noch nie etwas gehört hat.

Also zurück zum Bier – und nur noch mal zur Klarstellung: Die acht gängigsten deutschen Sorten Alt, Bockbier, Dunkles, Helles, Kölsch, Pils, Schwarzbier und Weizenbier, die es allein hierzulande in über 5000 verschiedenen Ausprägungen gibt, sind allesamt aus Wasser, Getreidemalz, Hopfen und Hefe hergestellt. Mehr ist da nicht drin, und es ist ein wenig so, als könnte man aus vier Buchstaben ein 24-bändiges Lexikon verfassen oder zumindest einen spannenden Roman mit 800 Seiten. Dieses aus Biologie, Chemie und einer Menge menschlichem Erfindergeist kombinierte Naturwunder betrifft das süffigste fränkische Kellerbier demnach ebenso wie das herbste norddeutsche Pils. Es liegt einzig an der individuellen Herstellungsweise, ob ein Bier süß oder bitter, stark oder schwach, dunkel oder hell ist. Genauer gesagt, liegt es an der individuellen Herstellungsweise – und an der wohl wesentlichsten Zutat des gesamten Brauprozesses: dem Malz.

Bei uns wird, der Robustheit dieses Getreides wegen und auch aufgrund des durchaus starken Eigengeschmacks, vorwiegend Gerste verwendet, um ordentliches Braumalz herzustellen. Nun mag die stolze, 15 000 Jahre alte Gerste für Botaniker laut gültiger Definition schlicht ein »einjähriges Süßgras« sein, das »Wuchshöhen von 0,7 bis 1,2 Meter erreicht, glatt und unbehaart ist« sowie über »aufrechte Halme und wechselständige, zweizeilige und parallelnervige Laubblätter« verfügt. Für jeden Brauer aber ist die Gerste vor allem eins: ein wahrer Segen der Natur.

Freilich wird woanders anstatt der Gerste auch Mais benutzt, Hirse oder Reis. Aber mit keinem anderen Korn lässt sich so vielfältig verwendbares Braumalz herstellen wie mit dem guten alten »Hordeum vulgare«, wie schon der Römer sein Lieblingsgetreide nannte, als es vom Zweistromland und dem Balkan langsam seinen Weg nach Europa fand. Das ganze Verfahren funktioniert, wenn auch maschinell, im 21. Jahrhundert nicht viel anders als ein paar zehntausend Jahre zuvor in den undichten sudanesischen Hütten: Das nasse Korn quillt auf und beginnt zu keimen. Während dieses Prozesses entsteht aus der im Getreide enthaltenen Stärke der Malzzucker. Danach wird das feuchte Malz getrocknet. Und jetzt kommt's drauf an: Denn je nach Trockentemperatur verändert das Produkt seine Farbe und auch die Aromen. Wenn ein Bier hell werden soll, reicht eine Temperatur von 80 Grad aus. Für dunklere Biere braucht es schon um die 100 Grad. Und sogenannte Farbmalze werden sogar bei rund 220 Grad gedarrt und später dem Bier als natürlicher Farbstoff und der entstandenen Röststoffe wegen beigegeben. Anders hätte etwa Arthur Guinness sein später weltberühmt gewordenes irisches Nationalgetränk nicht so pechschwarz hinbekommen.

Doch auch das Wasser ist von elementarer Bedeutung – was eigentlich nur logisch ist. Immerhin besteht ein Bier zu 90 Prozent daraus. Vor allem der je nach Region sehr unterschiedliche Gehalt an verschiedenen Salzen prägt den Charakter eines jeden Brauwassers. Hat das Wasser viele Karbonate wie Calcium und Magnesium, wirkt sich das zunächst ebenfalls auf die Farbe des Bieres aus: Es macht Bier dunkler. Ein Problem, das zum Beispiel die Münchner haben, denn das kühle Nass, das in der bayerischen Landeshauptstadt aus dem Hahn fließt, gilt mit einem Härtegrad von bis zu 18,7 als der Beton unter den deutschen Wässern, und für ein anständiges Bier konnte man das eigentlich nicht mehr brauchen. Doch in jenen gottlob vergangenen Zeiten, in denen nicht einmal Leonardo da Vinci eine Wasseraufbereitungsanlage erfinden konnte, mussten die dortigen Paulaner-, Franziskaner- oder Augustinermönche das flüssige Kalk notgedrungen nehmen. Einzig aus diesem Grund waren Münchner Biere vorwiegend dunkle Sorten, während das weiche und salzarme böhmische Grundwasser im Gegensatz dazu das helle Pilsner zu erzeugen vermochte. Heute freilich haben nicht nur die Münchner Brauereien eine Aufbereitungsanlage, die das Wasser auf bis zu zwei Grad enthärten könnte, und jeder Brauer sucht sich eben den Härtegrad aus, den er für sein Produkt haben möchte.

Zu jedem Crashkurs in Sachen Bierkunde gehört aber auch, dass man zumindest die grundsätzliche Unterscheidung kennt, welche die große, weite Bierwelt in zwei geschmackliche Kontinente teilt. Denn alle obengenannten Sorten lassen sich – ebenso wie traditionelles Rotbier, helles India Pale Ale, dunkles Porter oder tiefschwarzes Stout, auch und vor allem danach einteilen, ob sie nun ober- oder untergärig gebraut sind. Diese wohl gängigste aller bierologischen Kategorisierungen richtet sich nicht nach dem Ursprungsgetreide des Braumalzes, der Bierfarbe, dem Alkohol- oder gar dem Stammwürzegehalt, wie das die deutsche Zollverwaltung macht, indem sie Einfach-, Schank-, Voll- und Starkbiere entsprechend unterschiedlich besteuert und damit immerhin 700 Millionen Euro Biersteuer im Jahr einnimmt, sondern einzig und allein nach der Hefe.

Die ist eigentlich ein einfacher, einzelliger Pilz, der ganz von selbst entsteht – etwa, wenn ein profaner Teig aus Mehl und Wasser bei hohen Temperaturen ein paar Stunden im Freien stehengelassen wird. Diese Ursprungs-Hefe ist obergärig. Und wie ihr Name schon sagt, bildet die obergärige Hefe zusammenhängende Kolonien, die nach dem Brauvorgang nach oben schwimmen und abgeschöpft werden können. Untergärige Hefe dagegen setzt sich – klar – nach dem Brauen langsam am Boden des Kessels ab. Sie gibt es als reine Form in der Natur eigentlich nicht, sondern sie entstand durch eine Vermischung der obergärigen Variante mit einer wilden Hefeart. Deshalb war sie hier in Bäcker- und Brauerkreisen auch lange unbekannt.

Zwar war schon in der Münchner Polizeiordnung aus dem Jahr 1420 die Rede davon, dass untergäriges Bier mindestens acht Tage gelagert werden musste, obergäriges jedoch nach dem Abschöpfen sofort ausgegeben werden durfte. Warum das aber so war, dass sich einmal auf dem Bier ein schaumiger, blubbernder Brei bildete und ein anderes Mal die Pampe unten im Kessel schwamm, das wussten die Brauer damals selbst noch nicht. Erst Mitte des 16. Jahrhunderts erkannte man, was die Hefe eigentlich genau im Bier so anstellt. Und es dauerte sogar bis 1789, bis Antoine Lavoisier nachweisen konnte, dass Hefe und Zucker gleich zwei Komponenten in den Gerstensaft zu bringen vermochten: Alkohol und Kohlensäure.

Aber so einfach, wie es sich anhört, war das zumindest auch nach Lavoisiers bahnbrechender Entdeckung nicht. Denn obergärige Hefe arbeitet nur bei Zimmertemperatur. Untergärige Hefe dagegen hatte es immer schon gerne kühl – sie braucht zwingend etwa vier bis neun Grad, um ihren Dienst zu verrichten. Im Klartext hieß das, dass es in vorklimatisierten Zeiten von April bis Oktober gar nicht möglich war, untergäriges Bier wie das Märzen zu brauen, weil es eben nur bis März kalt genug war. Das aber gestaltete sich auch wiederum kompliziert, denn obergäriges Bier ließ sich leider nicht annähernd so lange lagern wie die untergärigen Sorten. Das Zeug musste zwingend noch im selben Sommer weg.

Also überwogen früher in unseren Breitengraden die ober-gärigen Sorten, und nicht selten entstand in den Jahreszeiten-Übergängen eine dramatische Bierknappheit. Nur im Süden, genauer gesagt in Bayern und Württemberg, braute man schon ab dem 16. Jahrhundert fast ausschließlich untergärig, weil die dortigen Winter damals noch richtige Winter waren – also sau-kalt und lang genug. Meist reichte das für den Sommer ge-braute untergärige Bier von Georgi bis Michaeli, also vom 23. April bis zum 29. September, und ein paar obergärige Sor-ten kamen im Sommer selbst dann auch noch dazu – weshalb sich in Bayern schon zu dieser Zeit eine größere Biervielfalt ausprägte als anderswo.

1871 jedoch erfand ein gewisser Carl von Linde seine erste Kältemaschine. Erst kühlte Herr Linde Gas mittels Äther her-unter, dann durch Ammoniak. Das war zwar im wahrsten Sinne des Wortes ätzend und angesichts dessen noch nichts für den Hausgebrauch. Aber es revolutionierte dennoch die Brauin-dustrie, die erkannte, dass man nun ganzjährig die robusteren untergärigen Biersorten produzieren konnte: Zunächst ver-wendete die berühmte österreichische Dreher-Brauerei Lindes magische Maschine, dann die Münchner Spaten Bräu. Kurz darauf setzten sogar Heineken im Amsterdam und Carlsberg in Kopenhagen die neue Technik ein. Diese geniale Idee hatte nur eine Schattenseite – sie bedeutete schlagartig das Aus für fast alle obergärigen Biere in ganz Europa. Und so blieb es bis heute: Mit Ausnahme von Kölsch, Weizenbier, Alt oder Berli-ner Weiße sind alle Sorten untergärig.

Was aber mitnichten heißen soll, dass es heute keine rechte Gattungsvielfalt mehr gibt, wie die nachfolgenden Beispiele zeigen – eher im Gegenteil. So kann man sich heutzutage, wenn man das denn möchte, mit einem einzigen kräftigen

Schluck Bier bereits sämtliche Lichter ausknipsen. Oder mit einer Halben gleich die empfohlene Portion Gemüse zu sich nehmen. Beides ist zwar nicht unbedingt erstrebenswert. Aber angesichts des Artenreichtums auf dem internationalen Biermarkt durchaus machbar. Doch der Reihe nach.

Mehr Alkohol als jeder Schnaps

Der durchschnittliche Alkoholgehalt von Bier liegt bei fünf Volumenprozent, abgekürzt: Vol.-%. Dieser Wert muss in den meisten Ländern weltweit verpflichtend auf der Flasche stehen und wird gemeinhin von den jeweiligen Lebensmittelaufsichtsbehörden streng kontrolliert. Und das zu Recht: Erst vor wenigen Jahren sah sich eine wirklich sehr große US-Brauerei dem Vorwurf ausgesetzt, die Alkoholkennzeichnung auf der Verpackung sei zu hoch und das Bier systematisch mit Wasser gestreckt worden. Zwar müssen solche dreisten Panscher heutzutage leider nicht mehr mit der drakonischen Strafe rechnen, ihre minderwertige Ware selbst austrinken zu müssen – was den CEOs des besagten Konzerns angesichts eines Ausstoßes von 40 Milliarden Litern im Jahr wohl nicht wirklich gut bekommen wäre. Eine saftige Geldstrafe gab's aber trotzdem, immerhin.

Nebenbei bemerkt ist das mit den Volumenprozent eine recht komplizierte Sache: Grundsätzlich bezeichnet sie nämlich den Anteil eines einzelnen Stoffes am gesamten Volumen eines Gemischs. Weil aber Alkohol mit ungefähr 0,8 Gramm pro Kubikzentimeter eine viel geringere Dichte als Wasser besitzt, kann man bei der Berechnung schon mal durcheinanderkommen. Wer aber genau wissen möchte, wie viel reinen Alkohol er mit seinem Feierabendbierchen zu sich nimmt, der kann dies nach der schönen Formel Menge (in ml) × (Volumenprozent des Getränks : 100) × 0,8 tun. Bei einem halben Liter unseres Durchschnittsbiers kommt man also mathematisch gesehen auf 20 Gramm. Und das ist erstaunlicherweise deutlich mehr als bei einem kleinen Verdauungsschnäpschen, das es in der handelsüblichen Größe und bei strammen 40 % vol. gerade mal auf 6,4 unschuldige Grämmchen reinen Alkohol bringt. Ein Bier enthält also tatsächlich so viel Sprit wie drei Gläser Schnaps. Das aber nur als kleines Stammtischwissen am Rande.

Jedenfalls gelten diese ungefähren fünf Prozent, die sich im Laufe der Jahrhunderte bei den Verbrauchern als am besten verträglich eingebürgert haben, eigentlich weltweit als Richtwert – egal ob das beim seychellischen »Seybrew« der Fall ist, beim chilenischen »Baltica Classic«, dem dänischen »Faxe«, dem australischen »Fosters« oder dem spanischen »Vitalsberg«, um nur ein paar der 12 000 Brauereien weltweit zu nennen, die ihre Erzeugnisse in den meisten Fällen mit 4,8 bis 5,2 Volumenprozent ausstatten. Generell ist es natürlich möglich, einen weitaus höheren Alkoholgehalt zu erzeugen – dazu kommen wir noch. Oder auch einen niedrigeren.

Nur ganz ohne Alkohol – das ist auch heute noch, in Zeiten, in denen auf dem Mars Roboter herumfahren und Bilder zur Erde senden können, ziemlich schwierig. Denn wie schon gelernt, ist der Alkohol beim Brauprozess plötzlich auf ganz natürliche Weise da. Und diesen Geschmacksträger wieder aus dem gerade so schön gegärten Bier herauszubekommen ist eine echte Sisyphosarbeit. Man kann zwar den Gärprozess früher abbrechen, damit die Hefe nicht den gesamten Malzzucker in Alkohol umwandelt. Dann aber fehlen leider die typischen Geschmacksstoffe, die nun mal bei der Gärung entstehen, und das Getränk schmeckt äußerst süß und ähnelt dem etwas in

Vergessenheit geratenen Kindergetränk Malzbier. Oder man entzieht dem Bier den Alk nachträglich – was die meisten Blei-frei-Produzenten so handhaben. Das geschieht, indem man, plump gesprochen, das alkoholhaltige Bier an einer Membran vorbeischickt, auf deren Rückseite sich alkoholfreies Bier befindet. Da die Natur in Physik, Chemie und Biologie netterweise immer ein Gleichgewicht anstrebt, wandern die Alkoholmoleküle aus dem echten Bier von selbst auf die andere Seite, wo der Alkohol schließlich mit einem aufwendigen Verfahren ein für alle Mal verdampft wird.

Ganz klappt das aber auch hier nicht immer. Und so bedeutet die Bezeichnung »alkoholfrei« denn auch keinesfalls, dass solches Bier auch wirklich keinen Alkohol enthält. Der deutsche Gesetzgeber erlaubt immerhin ein halbes Volumenprozent Restrisiko. Mit der Folge, dass fünf Maß »alkoholfrei« genauso viel reinen Alkohol enthalten wie ein Glas unseres Durchschnittsbiers. Auch wenn vermutlich noch kein Mensch jemals fünf Liter alkoholfreies Bier an einem Abend getrunken hat, ist das durchaus wichtig zu wissen für all jene bedauerlichen Zeitgenossen, die aus medizinischen Gründen keinerlei Alkohol trinken dürfen.

In einem Test erreichte einstmals ein als »alkoholfrei« bezeichnetes Bier unglaubliche 4,94 % vol. – und wurde danach sofort aus dem Verkehr genommen. Nur wenn auf dem Etikett tatsächlich »0,0 Prozent« vermerkt sind, sollen neuartige Produktionsmethoden gewährleisten, dass der Leber wirklich keine böse Überraschung droht. Die kann es nämlich sogar bei Fruchtsäften geben, die schon mal bis zu einem Prozent Alkohol durch natürliche Gärung enthalten. Und selbst eine reife Banane soll Untersuchungen zufolge rund 0,6 % vol. besitzen.

57 % vol.

Seit einigen Jahren überbieten sich einige ehrgeizige Brauer darin, sich das Prädikat »stärkstes Bier der Welt« zu verdienen. Lange wurde diese Ehre alleine der fränkischen »Eku«-Brauerei aus Kulmbach zuteil, die früher eigenständig war, heute aber zu einem großen Fusionsbierkonzern gehört. Nichtsdestotrotz braut man dort auch heute noch einen Doppelbock unter dem Namen »Eku 28«, dessen Name sich aber nicht auf den Alkohol-, sondern auf den Stammwürzegehalt von 28 Grad bezieht. Ersterer indes reichte lange Zeit für das Guinness-Buch, wirkt aus heutiger Sicht mit elf Volumenprozent aber fast schon asketisch. Doch dazu gleich mehr. Vor zwei Jahrzehnten jedenfalls wäre niemand auf die Idee gekommen, dass allen Ernstes ein lukrativer Markt für Superstarkbiere existiert, die in Sachen Umdrehungen jeden Sherry wie ein Abstinenzlergetränk wirken lassen. Immerhin streichen die meisten normalen Biertrinker schon nach einem Liter der berühmt-berüchtigten bayerischen »-ator«-Sorten mit ihren rund acht Volumenprozent die Segel – und das ist wahrscheinlich auch besser so.

Doch eines Tages im Jahr 2009 berichtete die kleine Brauerei »Südstern« aus Berlin-Kreuzberg stolz, ein Bier herstellen zu können, das unfassbare 27,6 Prozent Alkohol enthalten sollte. Bestätigt wurde das durch ein Gutachten der Technischen Universität. Die Fachwelt stutzte, denn auf natürlichem Wege war das eigentlich gar nicht möglich: Durch den Gärungsprozess kann der Alkoholgehalt auf maximal 23 Prozent steigen, und irgendwo bei diesem Wert pendelten sich auch die Rekorde ein, die immer mal wieder in der Nach-Eku 28-Ära aufgestellt wurden. Danach stirbt die Hefe, die den Zucker zu Alkohol umwandeln kann, ab – und zwar an genau dem Zellgift Ethanol, das sie selbst soeben noch erzeugt hat. Die Berliner hatten sich also offenbar etwas anderes einfallen lassen: Sie schauten sich ein Brauverfahren ab, das über 120 Jahre alt ist, bislang aber nicht zur Alkohol-Rekordjagd herangezogen wurde. Dabei wird das Bier erst mit viel Malz und wenig Wasser eingebraut und danach quasi schockgefrostet. Anschließend wird das gefrorene Wasser wieder entfernt. Zurück bleibt eine Art »Bierkonzentrat«, das noch immer dem Reinheitsgebot entspricht, weil sich seine Zutaten an sich ja nicht verändert haben.

Erfunden wurde diese seltsame Methode der Legende nach durch einen dummen Zufall: In der Bierstadt Kulmbach soll ein unaufmerksamer Geselle in einer kalten Winternacht des Jahres 1890 einige Fässer Starkbier im Freien vergessen haben. Als er am nächsten Morgen zur Arbeit kam, war die äußere Wasserschicht gefroren. Der Braumeister war stocksauer, denn er wähnte seine Spezialität ein für alle Mal verloren. Im Inneren des runden und beinahe durchsichtigen Eisblocks schwamm eine dunkle Flüssigkeit. Offenbar hatten sich einige Bestandteile des Bieres dort abgesetzt. Verärgert, wie er war, zerschlug der Mann das Eis und ließ seinen schludrigen Lehrbub zur Strafe den trüben Inhalt trinken. Der Stift tat wie ihm geheißen, hatte vermutlich einige Zeit später einen ziemlichen Rausch und sein Vorgesetzter eine neue Spezialität, den »Eisbock«.

Was die beiden damals noch nicht wussten: Auf diese Weise konnte man den Alkoholgehalt eines Bieres in ungeahnte Höhen schrauben. Das erkannte auch der kernige fränkische Braumeister Georg Tscheuschner aus dem Städtchen Gunzenhausen, der sich durch die Berichterstattung über die Berliner

Szene-Brauer herausgefordert fühlte. Also kreierte er in seiner eigenen kleinen »Schorschbräu« einen Eisbock mit geradezu mythischen 31 Prozent. Trinken konnte man den zwar nur noch in homöopathischen Dosen von maximal einem Deziliter, aber Tscheuschner hatte einen neuen Bestwert aufgestellt. Zumindest für ein paar Monate.

Denn der Mann hatte die Rechnung ohne die Konkurrenz gemacht, die in diesem Fall aus dem nicht gerade als Bierhochburg bekannten Schottland kam. Dort lasen James Watt und Martin Dickie, die beiden Inhaber der erst 2007 gegründeten Szene-Brauerei »Brew Dog«, in einem Fachmagazin vom Weltrekord made in Germany – und brauten nach monatelanger Tüftelei zwischen Sudkessel und Kältekammer schließlich einen Eisbock mit einem ganzen Volumenprozent mehr. Doch auch diese Marke hielt nur kurz. Was nun folgte, war ein bizarrer Alkohol-Wettstreit zwischen dem eigensinnigen Franken und den ebenso sturen Schotten: Als Watt und Dickie irgendwann ein Bier mit unglaublichen 55 Prozent Alkohol auf den Markt brachten – übrigens 15 Prozent mehr, als in handelsüblichem Rum enthalten ist –, galt der Kampf offiziell als beendet. Mehr schien technisch nach dem Stand der Dinge einfach nicht möglich zu sein.

Doch Georg Tscheuschner gab nicht auf. Er experimentierte weiter, braute Sud um Sud, kühlte einen jeden neuen Eisbock auf minus 60 Grad herunter – und erreichte nach vielen vergeblichen Versuchen sage und schreibe und vor allem amtlich bestätigte: 57 Volumenprozent! Der Titel gehörte nun wieder ihm, aber die Jagd danach war ein teurer Spaß. Für jeden einzelnen Liter eines solchen Rekordbieres benötigte er 30 Liter eines ohnehin schon 16-prozentigen Doppelbocks. Kein Wunder, dass der Mann für 0,33 Liter stolze 200 Euro verlangen musste. Die gerade einmal 36 Flaschen fanden trotzdem reißenden Absatz. Aber der Käufer hat ja auch länger etwas davon.

Zurzeit herrscht übrigens Ruhe zwischen Ellon und Gunzenhausen. Aber das muss nichts heißen. Gut möglich, dass in Schottland gerade mächtig herumprobiert wird. Nur: Mit natürlichen Brauzutaten – also Hopfen, Malz und Hefe – dürfte sich der Alkoholgehalt kaum mehr steigern lassen. Experten zufolge müsste man dann schon Zucker zusetzen, wollte man die 60-Prozent-Marke erreichen. Dann aber wäre das stärkste Bier der Welt nicht mehr nach dem Reinheitsgebot gebraut – und irgendwie kein richtiges Bier mehr. Findet zumindest der stolze Schorschbock-Chef.

Die vielen besten Biere der Welt

Während also die Urkunde des stärksten Bieres der Welt nur in einer Brauerei hängt, sieht es mit dem ominösen »besten Bier der Welt« dagegen etwas anders aus. Das gibt es nämlich erstaunlicherweise ein paarmal öfter. Klar, die Bezeichnung ist zu klangvoll, um sie nur einem einzigen Unternehmen zu gönnen. Und außerdem: Wer will schon in letzter Instanz entscheiden, welches Bier gut ist, welches besser – und welches das allerbeste?

Nimmt man als Maßstab den schnöden Verkaufserfolg, geht der Titel nach China. Was irgendwie logisch ist, denn wo fast 1,4 Milliarden Menschen leben, da wird naturgemäß auch mehr Bier getrunken als, sagen wir mal, in der Schweiz. Obwohl der jährliche Pro-Kopf-Verbrauch in China derzeit bei nur 30 Litern liegt – wenn auch mit stark steigender Tendenz –, finden sich folglich gleich drei Brauereien aus dem Reich der

Mitte in den Top Ten der meistverkauften Biere weltweit. Un-
angefochten an der Spitze zwischen Universum und Pazifik
thront Snow Beer mit unerhörten 100 Millionen Hektolitern
pro Jahr. Zum Vergleich: Der größte deutsche Bierbrauer Oet-
tinger bringt rund 5,6 Millionen Hektoliter unter die Leute.
Das Schneebier aus dem östlichen Pekinger Stadtteil Dong-
cheng, als Firma erst 1993 gegründet, könnte also statistisch
gesehen jeden Erdenbürger pro Jahr mit fast 1,5 Litern seines
Lagerbiers versorgen. Weil aber auch in China Durst schlimmer ist als Heimweh, bleibt das meiste des inzwischen in 90
über das gesamte Land verteilten Braustätten hergestellten
Reisgetränks, von Spöttern als »Wasser mit Hopfengeschmack«
bezeichnet, im eigenen Land. Und dort ist es auch gut aufgehoben.

Selbst wohlwollende Trinker unter den Chinesen würden
ihrer unangefochtenen Nummer 1 demnach eher nicht das
Prädikat »bestes Bier der Welt« verpassen. Und auch die anderen Riesen aus der Verkaufshitliste – Budweiser aus den USA,
Corona aus Mexiko, Heineken aus Holland oder Skol aus Brasilien – mögen ihre eingefleischten Liebhaber haben. Vielerorts
werden diese Sorten aber auch deshalb so häufig ausgeschenkt,
weil sonst eben weit und breit nichts anderes angeboten wird.
Und bei 35 Grad im Schatten und nach einer Fahrt im offenen
Wagen quer durch den Grand Canyon ist ganz sicher sogar ein
BUD LIGHT ein echter Hochgenuss. Im Gegensatz dazu findet
sich auch bei jedem noch so schmackhaften Geheimtipp einer
winzigen Craftbier-Manufaktur wahrscheinlich jemand, der
das entsprechende Erzeugnis schlichtweg nicht mag. Trotzdem
konkurrieren mehrere Wettbewerbe miteinander, die den ultimativen Superlativ vergeben, was von vielen Fachleuten stark
kritisiert wird.

Die bekanntesten Laufstege für hopfenhaltige Kaltgetränke sind der »World Beer Award«, der jeden Herbst in London ausgelobt wird, und der konkurrierende »World Beer Cup«, der von der amerikanischen »Brewers Association« in Denver/Colorado vergeben wird. Beim Gedanken an die derzeitigen Preisträger – hier Haacht Blond aus Belgien, dort ein Produkt des US-Großbrauers Coors – kommen aber selbst bei ungeübten Genießern womöglich leise Zweifel auf. Die Webseite »Rate Beer« kam unlängst dagegen zum Ergebnis, das aus dem ebenfalls belgischen Kloster Sankt Sixtus stammende Westvleteren Nr. 12 verdiene die alleinige Krone, trotz einer Zutat, bei der sich der Magen eines jeden Reinheitsgebotspuristen umdrehen dürfte: Der bräunliche Trappistentrank enthält Karamellsirup. Vielleicht hat diese Prämierung aber auch etwas damit zu tun, dass besagtes Westvleteren schwerer zu bekommen ist, als es ein westdeutsches Pils in der DDR gewesen ist. Kaufen kann man es nur, wenn man sich vorab im Kloster anmeldet und die bestellten Flaschen dann persönlich abholt und versichert, dass man das Bier nicht weiterverkaufen wird. Zu diesem Zweck muss man seine Personalien hinterlassen, und das Autokennzeichen wird notiert. Kaufen und persönlich abholen darf man das Bier zudem nur einmal im Monat.

Natürlich gibt es bei all den Wettbewerben auch zahlreiche Unterkategorien: Alleine beim »European Beer Star«, der seit 2004 auf der Nürnberger Fachmesse BrauBeviale vergeben wird, werden 156 Medaillen in 52 Sparten vergeben. Es geht dort also zumindest ein bisschen zu wie bei den Bundesjugendspielen, wo selbst derjenige noch eine Urkunde bekommt, der beim Weitsprung wenigstens in der Sandgrube landet und beim 400-Meter-Lauf nicht vor der Ziellinie zusammenbricht. Immerhin ist bei Klassifizierungen wie »Bestes Pilsner böhmischer Brauart« oder »Bestes leichtes Hefeweizen« noch die Vergleichbarkeit zu anderen Marken derselben Sorte gegeben. Wie man aber ein Schwarzbier geschmacklich und qualitativ mit einem Hellen vergleichen können soll, das bleibt wohl das Rätsel jener Geschäftemacher, die sich ihre Titel oft teuer bezahlen lassen.

Zumindest in der Werbung sind die Hersteller – wettbewerbsrechtlich bedingt – etwas zurückhaltender. Selbstverständlich darf jeder Preisträger das ihm verliehene Prädikat plakativ auf die Flasche drucken. An den Werbeslogan »Bestes Bier der Welt« hat sich derweil noch kein Brauer gewagt, und selbst der Spruch »Eines der besten Biere der Welt«, mit dem Anheuser-Busch einst trommelte, ist inzwischen im Archiv in St. Louis verschwunden. Nur die Warsteiner-Macher sprechen bisweilen davon, »Eines der besten Biere unserer Zeit« zu brauen, was man ihnen objektiv nicht widerlegen kann. Aber auch nicht beweisen. Und selbst die Bücher, die Ihnen versprechen, die 100, 250 oder 500 besten Biere überhaupt vorzustellen, können Sie getrost vergessen – hierbei handelt es sich höchstwahrscheinlich um die Marken, die auf die Anfrage des Autors mit einer Warensendung geantwortet haben. Angesichts all dessen kann man unter dem Eichstrich konstatieren, dass Geschmack einzig und allein im Gaumen des Genießers liegt. Und nirgendwo sonst.

Wo Rauch ist, ist auch …

Letzteres gilt auch und vor allem für eine, nun ja, recht eigenwillige Sorte Bier, die im ebenfalls recht eigenwilligen Bierland Franken ihren Ursprung hat und die Geister scheidet wie sonst vielleicht keine zweite zumindest nach dem Reinheitsgebot hergestellte Geschmacksrichtung. Die Rede ist vom Rauchbier, das selbst eingefleischten Anhängern zufolge schmeckt, als habe man einen Schwarzwälder Schinken in Alkohol aufgelöst, und um dessen Geschichte sich einige Legenden ranken. Die gängigste davon besagt, dass in einer mittelalterlichen Brauerei irgendwo in der Nähe von Bamberg ein schlimmer Brand ausgebrochen war, der weite Teile der Einrichtung und der Rohstoffe vernichtete. Weil der Braumeister aufgrund dieser Katastrophe kurz vor dem Ruin stand, versuchte er in seiner Ausweglosigkeit, zumindest jenes Malz noch zu verwenden, das noch nicht vollends verkohlt war. Er soll also das bereits gedarrte und völlig verräucherte Zeug notdürftig geschrotet und danach in den Maischbottich geschmissen haben, welcher das Feuer auch nur mit einigen üblen Brandverletzungen überlebt hatte. Tja, und das, was am Ende dieses improvisierten Brauprozesses herauskam, machte aus dem abgebrannten Brauer der Sage nach den Erfinder des Rauchbieres – und innerhalb kürzester Zeit einen reichen Mann.

In Wirklichkeit jedoch gab es Rauchbiere quasi schon immer – ergo bereits bei den Sumerern, die bei schlechtem Wetter ihr Malz ja auch irgendwie trocknen mussten und das notgedrungen über offenem Feuer taten. Und je nach Feuchtigkeitsgrad entwickelte sich auch der Rauch entsprechend anders und somit letztendlich auch der Geschmack des Bieres. Allerdings dürften Rauchnoten viele Jahrhunderte lang zu den ganz und gar unfreiwilligen Begleiterscheinungen des nichtindustriellen Brauens gehört haben. Es gibt kaum Überlieferungen darüber, dass der rauchige Nachgeschmack in irgendeiner Weise erwünscht war. Ab dem 19. Jahrhundert jedoch rauchte beim Darren in den Mälzereien dank neuartiger Heizungen und der Verwendung von Öl oder Kohle nichts mehr. Ab diesem Zeitpunkt war das Kaminholz-Odeur weitgehend verpönt, galt es doch als Nachweis einer rückständigen und wenig zeitgemäßen Bierherstellung.

Nur in Oberfranken, genau dort, wo sich auch der ominöse Brand ereignet haben soll, wandte man sich nicht von der Methode ab. Im Gegenteil: Viele Brauereien spezialisierten sich sogar darauf. Rund zwölf Rauchbierbrauer gibt es heute im kleinsten Regierungsbezirk Bayerns – so viele wie sonst nirgendwo auf der ganzen Welt. Der bekannteste unter ihnen hat sich bereits seit 1405 dieser gewöhnungsbedürftigen Biersorte verschrieben und vertreibt unter dem weltberühmten Namen »Schlenkerla«, der auf einen Gastwirt mit einem schlimmen Gehfehler zurückgehen soll, nicht nur seinen normalen Flüssigschinken, ein Märzen mit 5,1 Prozent Alkohol und 13,6 Grad Stammwürze. Hartgesottene Fans schwören auf noch weitaus erbarmungslosere Varianten wie Rauchweizen oder gar Rauchbock. Und obwohl gerade einmal 13 000 Hektoliter jährlich in der kleinen Braustätte mitten in der Bamberger Altstadt erzeugt werden, findet man die recht speziellen Spezialitäten seit der Jahrtausendwende mittlerweile in zahlreichen Feinkostgeschäften in den USA, China oder Australien; zu einem Vielfachen des Preises wie am Herkunftsort, versteht sich.

Vielleicht liegt dieser überraschende Erfolg ja auch darin begründet, dass dieses einzigartige Bier, dessen erster Schluck bei nicht wenigen selbst langjährigen Biertrinkern einen veritablen aromatischen Schock auslöst, nicht vom Rauchverbot in der Gastronomie betroffen ist. Oder doch eher darin, dass selbst die Schlenkerla-Macher unumwunden zugeben, dass das zweite Seidla, wie hierzulande der Halbliterkrug heißt, schon deutlich besser schmeckt als das erste – und das dritte noch mal besser als das zweite. Mit dieser Verkaufstaktik jedenfalls dürfte die kuriose Sorte natürlich keinerlei Absatzschwierigkeiten bekommen. Weder in Franken noch in Übersee.

Eine bittere Geschichte

Dass der Franke an sich in Sachen Bier ein höchst experimentierfreudiger Zeitgenosse ist, beweist auch eine andere kleine Anekdote, die als hoffnungsvolle Episode begann und leider als ganz traurige Geschichte endete.

Marcus Hertel, geboren am 5. September 1975 in Nürnberg, war seit seiner Jugend ein, das kann man so sagen, echter Bierliebhaber. Zunächst äußerte sich dies wie bei vielen anderen Altersgenossen auch eher im Konsumverhalten. Doch einige Jahre später, nach dem Abitur, verschrieb sich der junge Mann auch beruflich ganz dem Brauwesen. Er studierte das Fach mit dem Zusatz Getränketechnologie an der renommierten Universität Weihenstephan – übrigens einer von nur zwei Unis in Deutschland, die diesen Studiengang anbieten. Die hochgelobte Hochschule, eine Außenstelle der TU München, entstand aus jenem Kloster, dessen findige Mönche vor 1000 Jahren erstmals den Hopfen ins Bier gaben, und gilt seit vielen Jahren als Kaderschmiede für international anerkannte Brauexperten, die zahllosen Brauereien weltweit die deutsche Bierkultur und jede Menge Know-How näherbringen. In den sieben Semestern, in denen die Studenten in Weihenstephan pauken, geht es um weit mehr als nur ums Bierbrauen. Schon gar nicht geht es ums Biertrinken. Stattdessen werden Kenntnisse aus Biologie, Chemie, Physik und Mathematik vermittelt, Grundzüge des Ingenieurwesens und der Volks- und Betriebswirtschaftslehre. Wer hier studiert und sein Diplom erreicht, dem macht in Sachen Bier keiner mehr was vor.

Und was soll man sagen. Marcus Hertel absolvierte den Studiengang mit Bravour und machte anschließend noch seinen Doktortitel zum Ingenieur: Er promovierte zum Thema »Untersuchungen zum Ausdampfverhalten von Aromastoffen bei der Würzekochung aus verfahrenstechnischer Sicht«, was furchtbar leidenschaftslos klingt, aber nicht war. Der Bierdoktor Hertel hätte nun in die USA oder nach Asien gehen und den Amis oder den Chinesen beibringen können, was sie beachten müssen, wollten sie nur endlich ein anständiges Bier brauen. Aber er hatte einen ganz anderen Traum: Er wollte das bitterste Bier der Welt herstellen, eine Hopfenbombe, ganz in der Tradition der Weihenstephaner Urväter.

Es war ein kühner Plan, denn eigentlich mögen die wenigsten Menschen die Geschmacksrichtung »bitter«, was evolutionsbiologisch womöglich daran liegt, dass die Natur als Warnung viele giftige Pflanzen bitter schmecken lässt, damit diese eben gerade nicht gegessen werden. Einzig in England hielt sich sogenanntes Bitterbier als beliebte Sorte, überall sonst auf der Welt ging der Trend in den vergangenen 100 Jahren mehr und mehr zu milden Aromen. Der Hopfenverbrauch in der Bierindustrie sank kontinuierlich, und so wurden die meisten heutigen Biere viel lieblicher, als es die Biere aus früheren Zeiten waren.

Marcus Hertel war das egal. Er zog nach Salzburg, gründete eine kleine Firma – und begann zu experimentieren. Es galt, die sogenannten Bittereinheiten immer stärker zu steigern, und zwar jenseits dessen, was auf dem Markt bis dato üblich war. Diese Menge an Bitterstoffen liegt bei einem Jever-Pils ungefähr bei 40 und bei einem gängigen Weizenbier nur bei etwa 15. Die ganze Angelegenheit ist ein bisschen kompliziert, eine Bittereinheit entspricht einem Milligramm Iso-Alpha-Säuren pro Liter, genannt IBU, und die Formel zu ihrer Berechnung ist eine mathematische Gleichung Gauß'schen Ausmaßes. Man muss das nicht verstehen, aber man muss es mögen. Der ehrgeizige Nachwuchs-Brauer mochte es, denn er hatte in Weihenstephan auch gelernt, dass bittere Biere auch gut schmecken können, dass mehr Iso-Alpha-Säuren eine höhere Bekömmlichkeit bedeuten oder dass man sehr bittere Biere als Aperitif genießen kann. Und dass ganz am Ende seines Weges womöglich eine Revolution des Brauprozesses stehen würde.

Natürlich war es nicht damit getan, einfach mehr Hopfen in den Sud zu werfen. Mit neugezüchteten Sorten wie Amarillo oder Saphir zum einen und einem aufwendigen Brauverfahren gelang es dem Franken zwar, die Bittereinheiten erst auf 100 zu steigern und dann sogar noch darüber hinaus. Aber auch Hertel wusste, das alles, was über 200 IBUs besaß, als nicht mehr trinkbar galt. Und dass die Natur dem Ganzen eine physikalische Grenze gesetzt hatte. Ab einer gewissen Konzentration von Bitterstoffen ist es unmöglich, diese weiterhin in Wasser zu lösen. Es kommt stattdessen, vereinfacht gesprochen, zur Bildung zweier separater Flüssigkeiten.

Nach jahrelanger Kleinarbeit gelang Marcus Hertel dennoch der Durchbruch. Er hatte tatsächlich in akribischer Tüftelei und mit dem Enthusiasmus eines Bierverrückten ein Verfahren erfunden, mit dem man ein Bier herstellen konnte, dessen Konzentration an Bitterstoffen deutlich über der maximalen Löslichkeit von Bitterstoffen in Wasser lag. Er nannte es Iso-Bier – und es sollte nicht nur als bizarrer Vortrunk in der teuren Gastronomie dienen oder ein Marketinggag auf Fachmessen

sein. Hertels Iso-Bier war so bitter und von einer derart fili-
granen chemischen Beschaffenheit, dass es anderen Bieren an
jeder Stelle des Brauprozesses zugefügt werden konnte, um
diese selbst wiederum bitterer zu machen, aber sonst in ihrer
Eigenschaft nicht zu verändern. Ein Cuvée, das immer noch
dem Reinheitsgebot entsprach und das den Herstellungspro-
zess vieler Brauereien vereinfachen konnte. Die Revolution
war zum Greifen nah.

Am 9. Oktober 2008 meldete er seine bahnbrechende Neue-
rung offiziell als Patent an. Seine kleine Firma stand nun vor
einer großen Zukunft, er musste nur noch ein bisschen an den
Details feilen und einen Partner finden, der die nötigen Mittel
hatte, um den technischen Prozess weiter vorantreiben zu können. 2010 ging er schließlich eine Kooperation mit der Firma
Barth & Sohn ein, einem der größten Hopfenproduzenten der
Welt. Es war eine Partnerschaft auf Augenhöhe, hieß es in der
Presseerklärung.

Am 5. November 2011, einem nasskalten Samstag, ist
Dr. Marcus Hertel vollkommen überraschend gestorben, im
Alter von gerade einmal 36 Jahren. Zuvor war ihm tagelang
schwindlig gewesen, aber er ahnte nicht, dass sich ein Blut-
pfropfen in seinem Kopf gebildet hatte. Das Schicksal war in
diesem Fall wirklich zynisch, denn wenige Tage später, am
10. November, begann in Nürnberg die Braumesse, auf der er
seine Entwicklung erstmals einer größeren Öffentlichkeit vorstellen wollte. Sein Stand blieb leer und sein Patent unvollen-
det. So endete die Geschichte des Iso-Bieres, das womöglich
eine Innovation gewesen wäre, wie sie die Branche seit der Industrialisierung nicht gesehen hat. Aber wie das mit vielen
großen Ideen so ist – vielleicht wird sie irgendwann einmal
wiederbelebt und weiterperfektioniert, und der eher unbe-

kannte Name Marcus Hertel wird doch eines Tages in die Geschichte des Brauwesens eingehen. Zu wünschen wäre es ihm.

Mit voller Craft voraus

Immerhin: Auch dank Hertels Pionierarbeit haben extrem bittere Biere in den vergangenen Jahren eine beachtliche Nische in der Branche gefunden. So gibt es inzwischen etliche Brauer, die ein Pils mit 100 IBUs und mehr herstellen und teilweise in der hochpreisigen Gastronomie anbieten. Begünstigt wurde diese Entwicklung auch durch einen eher merkwürdigen Trend. Er hatte wie so viele merkwürdige Trends seinen Ursprung in den USA, aber er treibt auch hierzulande immer wildere Blüten: der Trend zum sogenannten Craft Beer.

Dabei ist dieser wohlklingende Begriff an sich ein einziger Etikettenschwindel! »Craft Beer« bedeutet sinngemäß nichts anderes, als dass das entsprechende Bier handwerklich hergestellt sein muss. Gemäß der amtlich gültigen Definition der amerikanischen Brauervereinigung handelt es sich nur dann um ein echtes Craft Beer, wenn es von einem Brauer »in kleinen Mengen, unabhängig von Konzernen und auf traditionelle Weise gebraut wird«. An dieser Losung wäre rein gar nichts auszusetzen, wenn da nur nicht die typisch amerikanische Präzisierung einer »kleinen Menge« wäre. Die nämlich legte der Verband auf stattliche sechs Millionen Barrel fest. Umgerechnet auf unsere Maßeinheiten, entspräche dies rund neun Millionen Hektolitern – und damit beinahe dem Ausstoß der gesamten Radeberger-Gruppe, zu der immerhin 13 einzelne Brauereien mit über 30 verschiedenen Marken zählen.

Da es sich in Deutschland dagegen schon dann um eine »Großbrauerei« handelt, wenn über 250 000 Hektoliter im Jahr in Fässern und Flaschen landen, sind nach der Lesart der Amis alle, aber wirklich alle deutschen Biere nichts anderes als ein Craft Beer im engeren Sinn. Mit echten Klein-, Gasthaus- oder Spezialitätenbrauereien haben Craft-Biere also im Grunde genommen rein gar nichts zu tun. Dabei ist der Grundgedanke, der hinter diesem Begriff steckt, äußerst lobenswert, zumal aus amerikanischer Sicht. Das Land der unbegrenzten Möglichkeiten war schließlich lange Zeit in Sachen Bier in etwa so abwechslungsreich wie das Fernsehprogramm in Nordkorea. Dabei existierten anno 1870 fast 4000 Brauereien in den USA, doch die Prohibition von 1920 bis 1933 machte den meisten von ihnen leider den Garaus.

Man schrieb das Jahr 1976, und in den zahllosen Kneipen zwischen New York und Los Angeles lief nicht mehr viel anderes aus dem Zapfhahn als die Sorten der drei nationalen Braugiganten Anheuser Busch (gegründet 1870), Coors (gegründet 1873) und Miller (gegründet 1895). Hier und da versuchten sich auch einige hartnäckige kleine Mitbewerber, aber insgesamt gab es seinerzeit in dem gesamten Riesenland gerade noch etwa 80 eigenständige Brauereien – das entsprach einer pro vier Millionen Einwohner. Für einen Bierliebhaber waren die Vereinigten Staaten Ende der siebziger Jahre also ungefähr so ergiebig wie ein Bonsai für die Brennholzindustrie. Schon ein Heineken, ein Guinness oder ein Corona galten in den großen Städten als exotische Abwechslung zum einheimischen Einheitsbier. Es war trotz der von den britischen, irischen und deutschen Einwanderern einst eingeführten und binnen gerade einmal 150 Jahren fest etablierten Bierkultur ein Trauerspiel und folglich kein Wunder, dass amerikanische Touristen auf ihren Europatouren bisweilen jedes Maß verloren.

In jenem richtungweisenden Jahr jedoch hatte ein Mann namens Jack McAuliffe die Kehle voll von dieser unbefriedigenden Situation. Der damals 31-jährige Sohn eines FBI-Agenten hatte gerade seinen Militärdienst in Schottland hinter sich gebracht. Im alten Europa hatte er auch die überaus passablen lokalen Biere sowie einige andere Sorten aus dem Rest des Kontinents kennen- und schätzen gelernt. Tief beeindruckt davon, was man jenseits des Atlantiks aus Hopfen, Malz und Wasser herauszuholen vermochte, entschloss er sich, nach seiner Rückkehr im heimischen Keller selbst Bier zu brauen – mit Zutaten aus dem örtlichen Supermarkt und nach einer Anleitung aus der gerade erschienenen Hausbrau-Fibel »The big Book of Brewing« des mit 37 Jahren an Leberzirrhose gestorbenen britischen Autors Dave Line. Die Sache begann verheißungsvoll, Jacks Freunde waren begeistert von der Eigenkreation aus dem Hobbyraum. Doch wie beinahe jeder große Wegbereiter stand auch McAuliffe irgendwann vor der ultimativen Entscheidung, seine Freizeitbeschäftigung entweder als solche weiterzuführen – oder ins Risiko zu gehen und den nächsten Schritt zu machen.

Zum Glück für alle amerikanischen Biertrinker machte er ihn: Nach der Kündigung bei seinem bisherigen Arbeitgeber, einem Medizintechnikhersteller, gründete er mit gerade einmal 5000 Dollar Startkapital die »New Albion Brewery«, benannt nach einem historischen Brauhaus aus San Francisco. Unter anderem mit ausgemustertem Equipment ausgerechnet von Coca-Cola richtete er seine Kleinstbrauerei in einem gemieteten Lagerschuppen am Rande seines Heimatortes Sonoma ein. Auch darüber hinaus musste McAuliffe an allen Ecken und Enden improvisieren. Er funktionierte alte Industrietanks zu Maischebottichen um, baute sich seinen Sudkessel aus Fliesen und einer Wanne selbst zusammen und klebte die Etiketten per Hand auf die Flaschen. Aber das war ihm und seinen Kunden egal, denn das Bier an sich schmeckte den Bewohnern des kalifornischen Kleinstädtchens hervorragend. Sämtliche 800 Liter, die auf diese wenig professionelle Weise pro Woche hergestellt werden konnten, waren regelmäßig binnen weniger Tage ausverkauft. McAuliffes Bier hatte nur einen Nachteil: Es musste schnell getrunken werden. Die provisorische Produktion brachte es auch mit sich, dass das New Albion Ale spätestens nach vier bis fünf Wochen umkippte. Aber so lange bewahrte das Bier ohnehin kein Käufer in seinem Kühlschrank auf. Dazu war es im Vergleich zu den Supermarktbieren jener Zeit einfach zu gut.

Allerdings war Jack McAuliffes Geschäft mehr oder weniger illegal. Die amerikanische Gesetzgebung verbot es als einer der anhaltenden Nachwirkungen der Prohibition, Produkte mit einem Alkoholgehalt von mehr als 0,5 Prozent ohne staatliche Lizenz herzustellen und auszuschenken. Diese Lizenz freilich war für eine Privatperson nicht zu bezahlen – alleine die anfallenden Steuern waren höher als jeder mögliche Jahresumsatz. Der Exsoldat gab sich damit nicht zufrieden und kämpfte gegen die überholten Regelungen. In dem liberalen Lokalpolitiker Tom Bates fand er einen Verbündeten. Bates ließ sich von McAuliffe bei einigen Gläsern New Albion überzeugen und setzte sich in Washington für die Modifizierung des Uralt-Gesetzes ein. Nach einem Jahr intensiver Lobbyarbeit geschah ein kleines Wunder: Erst verabschiedete der Kongress das Gesetz Nummer 1337, welches das Hausbrauen für den privaten Bedarf legalisierte. Und 1979 wurden schließlich alle rechtlichen Prohibitions-Überbleibsel gestrichen. Wer wollte und konnte, durfte nun selbst Bier brauen, wie es ihm gefiel.

Sosehr Jack McAuliffe die Politik für sein Anliegen gewinnen konnte – selbst Gewinne machte er mit seinem nun rechtmäßig existierenden Unternehmen nicht. Sein ausgeprägter Perfektionismus fraß nicht nur ihn selbst beinahe auf, sondern auch alle Einnahmen, die in der New Albion Brewery anfielen. McAufliffe experimentierte allen Warnungen zum Trotz mit immer teureren Rohstoffen, schaffte sich immer aufwendigere Maschinen an – und verdiente in sechs Jahren nicht einen einzigen Cent mit seinen inzwischen weit über Kalifornien hinaus berühmt gewordenen Bierspezialitäten. Im November 1982 entschloss er sich schweren Herzens, seine kleine Fabrik zu schließen, bevor er sich vollends in den Ruin braute.

Der Bann aber war gebrochen. Ermutigt durch die neuen Gesetze, entstanden in den folgenden Jahren immer mehr Kleinbrauereien, die alte Rezepte entstaubten und sich auf die überlieferte Handwerkskunst des Brauens aus den Zeiten vor 1920 konzentrierten; ganz ohne Stabilisatoren, Geschmacksverstärker und Aromastoffe, wie sie in manchen Industriebieren enthalten waren. Heute gilt der inzwischen über 70-jährige New Albion-Gründer McAuliffe als Stammvater aller in den vergangenen 30 Jahren entstandenen Micro-Breweries, die schlussendlich den weltweiten Craft-Beer-Hype befeuerten. Zuletzt, und das ist wirklich eine gute Nachricht, zählten die USA wieder mehr als 1380 Brauereien mit weiterhin steigender Tendenz, und längst etablierte und landesweit erfolgreiche Hersteller wie »Gambrinus« aus San Antonio, »Deschutes« aus Oregon oder die New Yorker »Brooklin Brewery« bringen über 100 verschiedene Bierarten und Tausende unterschiedliche Sorten auf den Markt. Natürlich ist da, ganz Amerika eben, auch viel flüssiger Quatsch dabei, wie Bananen-, Kürbis- oder Käsebier. Aber teilweise schmeckt, man muss es leider sagen, das in den meisten

Fällen ohne jedwede künstliche Zutaten gebraute Zeug so gut, dass manch hiesiger Großbrauer eigentlich nur noch beschämt seinen Kopf senken kann.

Am Ende bleibt festzuhalten, dass Jack McAuliffes aus schierer Verzweiflung entstandene Idee die heute zu 98 Prozent unabhängige, sprich: inhabergeführte amerikanische Bierindustrie revolutioniert und bis dato über 100 000 Arbeitsplätze geschaffen hat. Und noch immer verzeichnen die Ami-Brauer jährlich zweistellige Wachstumsraten. Insofern hat sich der Mann auf jeden Fall einen kräftigen Achtungsschluck verdient. Wer jetzt immer noch meint, dass aus den USA nur langweiliges Dünnbier kommt, der hat beispielsweise noch nie ein »Madness-Märzen« von Indian Wells probiert. Dafür hätte vielleicht nicht Tacitus seinen Wein stehenlassen – aber mindestens jeder zweite Oktoberfest-Besucher seine Maß.

Eine Bullenhoden-Halbe, bitte!

Angesichts dieser sensationellen Entwicklung in Übersee war es keine große Überraschung, dass sich die darbende deutsche Bierbranche auf den Begriff »Craft Beer« stürzte wie ein ausgezehrter Sahara-Wanderer nach einem Dreitagemarsch auf eine lauwarme Dose Löwenbräu. Denn der Bierkonsum im Land der Dichter und Trinker, pardon: der Dichter und Denker, ist schon seit dem Beginn der achtziger Jahre stark rückläufig – von einst 146 Litern pro Jahr und Kopf auf die eingangs schon erwähnten 107 Liter. Zu begrüßen ist in diesem Zusammenhang auf alle Fälle, dass es zwischen Flensburg und Berchtesgaden dank des mutmaßlichen Wunderbieres immer mehr mutige und experimentierfreudige Zeitgenossen gibt, die ihre teilweise recht wilden Kreationen mit prägnanten Namen ausstatten und sich vor allem um das Wiedererstarken der deutschen Brauereivielfalt verdient machen. Die Zahl der einheimischen Brauereien ist in den vergangenen zehn Jahren um beinahe acht Prozent auf derzeit 1352 gestiegen, von denen allein 616 in Bayern, 189 in Baden-Württemberg und 128 in Nordrhein-Westfalen liegen. Fast alle Neugründungen sind Kleinbetriebe mit einem Ausstoß von maximal 5000 Hektolitern. Das ist zwar im Vergleich zu den rund 12 000 selbständigen Brauereien, die es vor 100 Jahren bei uns gab, noch eine recht bescheidene Zahl. Aber in dieser Hinsicht definitiv ein guter Anfang.

Klar war aber auch, dass es nicht lange dauern würde, bis sich auch die Großen des erfolgversprechenden Etiketts »Craft Beer« bemächtigten, seit der Ausdruck erstmals in Deutschland auftauchte. Der Marketing-Trick dabei ist, bei den neuen Aktivitäten möglichst klein zu wirken: Der gleichnamige Bayreuther Weißbier-Riese (Ausstoß: 400 000 Hektoliter) entwickelte die Linie »Maisels and Friends«, Radeberger (1,8 Millionen Hektoliter) nannte seinen Ableger »Braufactum«, bei Bitburger (3,7 Millionen Hektoliter) heißt das Ganze »Craftwerk«. Selbst die traditionsbewussten Weihenstephaner (340 000 Hektoliter) beteiligten sich an dem Hype und brachten in Zusammenarbeit mit Samuel Adams, einer Marke der amerikanischen Boston Beer Company, nach einer angeblich zweijährigen Erprobungsphase das »Infinium« auf den Markt, das 10,5 Prozent Alkoholgehalt besitzt, im Champagnerglas serviert werden sollte und zu stolzen 20 Euro pro Dreiviertelliter-Flasche verkauft wird. Ob einem das ein bernsteinfarbenes Starkbier wert ist, das nach so vielen einzelnen Nuancen schmecken soll, dass es dazu einen diplomierten Biersommelier braucht, um alle zu erkennen, muss jeder für sich selbst entscheiden. Egal, ob Pfirsich-, Karamell- oder Schwarzbrotaromen im Vordergrund stehen, es ist und bleibt auch nur: ein Bier, wenn auch ein gutes.

So richtig verwegen in Bezug auf die Rezepte sind die hiesigen Hersteller ohnehin nicht, auch wenn Preise von fünf Euro aufwärts für die Flasche im Craft-Beer-Bereich keine Seltenheit sind. Dabei könnte man sich mit etwas mehr Mut auf diesem Feld durchaus an den Babyloniern orientieren. Nicht nur, dass sie durch die Verwendung von Emmer gewissermaßen das allererste Weißbier erfunden haben. Viele babylonische Männer ließen sich gelegentlich auch zerkleinerte Bullenhoden in den Sud mischen, weil sie sich davon die Stärkung ihrer Manneskraft versprachen. Gern genommen wurden zu jener Zeit auch Flamingoherzen, die vor allem bei weiblichen Genießerinnen für ein Mehr an innerer und äußerer Schönheit standen. Und nicht zu vergessen der Urin von Elefanten, der von manchen Tempelbraumeistern zur nachhaltigen Vertreibung böser Geister beigemengt wurde.

Zur Ehrenrettung selbst der verrücktesten Craft-Beer-Brauer, die schon mal mit Kirsch- oder Marzipanaromen spielen, muss man allerdings dazu sagen, dass die altertümliche Experimentierfreude irgendwann eskalierte – und den ebenfalls schon zu Ehren gekommenen König Hammurabi auf den Plan rief. Der war angeblich nach dem Genuss eines mit irgendwelchen Tierkadavern angereicherten Zaubertranks in ein tagelanges Koma gefallen. Als Hammurabi aus diesem nach einer kräftezehrenden Auseinandersetzung mit dem ewigen Gevatter wieder erwachte, soll er umgehend die bereits beschriebene strenge Schankordnung erlassen haben, die solche Umtriebe seiner Braumeister unter Androhung der Todesstrafe ein für alle Mal beendete. Ach ja – und den betreffenden Brauer, der für jenes Bier zuständig war, das ihn derart ausknockte, ließ Hammurabi gleich hinrichten.

Diese Liebe geht durch den Elefantenmagen

Vermutlich hätte unser babylonischer Herrscher a.D. auch im heutigen Japan keinen besonderen Grund zur Freude – und seine Henker hätten jede Menge Arbeit. Im Land der aufgehenden Sonne schickt man sich seit einigen Jahren nämlich an, den zu Recht längst vergessenen, 3000 Jahre alten Unsitten ernsthafte Konkurrenz zu machen. Dabei war Japan noch bis vor gar nicht allzu langer Zeit in Sachen Bier ein mehr oder weniger schaumweißer Fleck auf der Weltkarte. Erst Mitte des 19. Jahrhunderts wurde Bier dort überhaupt eingeführt. Die erste vollständige japanische Brauerei, ein Unternehmen namens »Spring Valley« entstand 1870. Heute aber hat Bi-Ru, wie unser Lieblingsgetränk in Nippon ausgesprochen wird, in Sachen Absatz sogar dem allgegenwärtigen Sake den Rang abgelaufen, wenn auch der Pro-Kopf-Konsum gegenwärtig erst halb so groß ist wie der deutsche. Der japanische Massengeschmack ist eher belanglos: Die lokalen Giganten Sapporo, Kirin oder Asahi brauen – wenn auch hauptsächlich mit Reis – ein helles Lagerbier mit ungefähr fünf Volumenprozent Alkohol, das sich von den gängigen Sorten anderer Industrienationen nicht wesentlich unterscheidet. Und selbstredend für ein Land, in dem in geschätzten zehn Prozent der Haushalte ein Roboter die Wohnung putzt, dass das Feierabendbierchen in Tokio, Kioto oder Yokohama nicht nur in Supermärkten oder Kneipen erhältlich ist, sondern natürlich auch am hypermodernen Automaten. Kurioserweise sind zudem eine malzfreie und eine malzarme Biervariante weit verbreitet, die aufgrund des geringeren Alkoholgehalts auch weniger kosten und dafür mit Kartoffeln, Hirse oder Sojaproteinen als Zutaten aufwarten können.

Doch selbst ein billiges Leichtbier mit intensiver Knollennote oder ein schales Hirseradler dürften König Hammurabi selig weitaus weniger umtreiben als die ebenfalls so landestypische Vorliebe für vollkommen ausgeflippte Produkte. Extravaganz ist für viele Japaner eben eine Lebenseinstellung, und deshalb war es nur eine Frage der Zeit, bis die ersten der rund 100 existierenden Klein- und Spezialitätenbrauereien Biere mit intensivem Schokoladen-, Zimt- oder Orangengeschmack auf den Markt brachten. Das aber war erst der Anfang des japanischen Angriffs auf die Geschmacksnerven: Überaus beliebt ist inzwischen zum Beispiel eine Mischung aus Bier und grünem Teepulver, ein Starkbier mit Austerngeschmack – oder ein Pils, das mit geröstetem Seetang hergestellt wird und aus diesem Grund eine wenig ansprechende blaue Färbung besitzt. Die ebenso winzige wie berüchtigte Tokioter »Advanced Brewery« brachte unterdessen ein Bier auf den Markt, das mit frischen Tomaten, Stangensellerie und ein paar Kräutern eingekocht wird – und binnen kürzester Zeit so beliebt wurde, dass selbst Branchenprimus Asahi auf den Trend aufsprang und mit der Sorte »Red Eye« landesweit ein eigenes Tomatenbier auf den Markt brachte, das aussieht, als habe ein untalentierter Preisboxer seine blutende Nase über ein volles Glas Hefeweizen gehalten. Aber zumindest erspart man sich so vielleicht die Salatbeilage zum Abendessen.

Besonders unrühmlich hervorgetan hat sich jedoch die »St. Gallen Brewery«, die ihren wohlklingenden Namen ausgerechnet jener historischen Klosterbraustätte südlich von Lindau verdankt, in der bereits anno 820 Bier von höchster

Qualität hergestellt wurde. Der Name ist denn aber auch die einzige Analogie zum Schweizer Vorbild, denn wenn die Mönche des heiligen Gallus gewusst hätten, dass einst im fernen Asien in ihrem Namen ein Bier aus Kaffeebohnen gebraut wird, die von einem Elefanten erst gegessen und wenig später wieder unverdaut ausgeschieden werden, dann hätten sie sich vermutlich umgehend im nahen Bodensee ertränkt.

Wen es nun beim Gedanken an Algen-, Tomaten- oder Elefantenkotbier schüttelt wie einst Hammurabi nach seinem finalen Schluck vor dem Koma, dem sei als kleiner Trost gesagt: Von diesen barbarischen Getränken schöpft der japanische Staat, dem Alkoholgehalt sei Dank, zumindest satte 41,4 Prozent Steueranteil ab. So lässt sich auch mit wahrhaft schlechtem Geschmack noch eine ganze Menge Geld verdienen.

Zum Spucken

Ziemlich preisgünstig dagegen und garantiert unbesteuert ist ein anderes für unsere Mägen (und Lebern) eher schräges Erzeugnis, das in Südamerika seine angestammte Heimat hat. Es nennt sich Chicha, was von einem alten Kuna-Begriff für »Mais« abgeleitet ist und damit schon die Hauptzutat der trüben Brühe beschreibt. Das allein wäre jedoch nichts Besonderes, zumal nicht zwischen Venezuela und Argentinien, wo schon im 13. Jahrhundert ein berauschendes Getränk aus der für diese Region so typischen Nutzpflanze gewonnen wurde. Da der Mais wie unsere Gerste ebenfalls zur Gattung der Süßgräser gehört, funktioniert der Gärprozess ganz ähnlich. Aus der Maisstärke wird nach dem Trockenvorgang Maismalz gewonnen, dessen Stärke wiederum später im Tank von der Hefe in Zucker verwandelt wird. Das Ganze ist aufgrund der besonderen Struktur des Maises ein bisschen aufwendiger als bei der Gerste – immerhin müssen die Körner erst einzeln vom Kolben getrennt werden. Aber weil die gelben Dinger längere Dürreperioden deutlich besser wegstecken als unser etwas mimosenhaftes Kulturgetreide, war es nur folgerichtig, dass die Inkas diese Pflanze für ihre Brautätigkeiten benutzten. Außerdem gibt es Mais in durchaus lustigen Farben, weshalb man auf ganz natürlichem Wege ein violettfarbenes Bier brauen kann, das geschmacklich vielleicht nicht ganz auf der Höhe, dafür aber auf jeden Fall ein Hingucker im Glas ist.

Auch die Chicha entstand ursprünglich – wie die allerersten Biere auf der anderen Seite des Atlantiks – aus gebackenen Teigfladen, die hier eben aus Maismehl angefertigt wurden. Allerdings weichten die Inkafrauen ihre Brote nicht wie die Kolleginnen in Babylonien oder dem Sudan einfach in Wasser ein. Sie kauten es genüsslich und ausdauernd – und spuckten die durch den Speichel aufgeweichte Masse dann in einen Eimer. Das mag uns zwar unappetitlich vorkommen, hatte jedoch den unschätzbaren Vorteil, dass die in jedem menschlichen Speichel enthaltenen Enzyme die Aufgabe der Hefe mit übernahmen und die Stärke in Zucker umbildeten. Der daraus gewonnene Brei gärte schneller als jede Maische und erreichte teilweise über sechs Volumenprozent Alkohol, was noch jede Inka-Feier zu einem unkontrollierbaren Besäufnis werden ließ, wie der peruanische Schriftsteller, Chronist und Forscher Garcilaso de la Vega Anfang des 17. Jahrhunderts leicht angewidert feststellte.

Vor 500, 600 Jahren war das Spuckebier bei allen gesellschaftlichen, politischen und religiösen Aktivitäten der 200 verschiedenen Inka-Völker, die es einst gab, absolut unentbehrlich. Die Chicha war nicht nur für die Geselligkeit der Menschen zuständig. Sie war auch äußerst wichtig, um die gegenseitigen Machtbeziehungen und Loyalitäten zu pflegen. Wer mit einer Chicha, die gemeinhin in einem ausgehöhlten Kürbis serviert wurde, anstieß, der festigte die Verbindung mit seinem Trinkpartner. Das funktionierte sogar auf unterschiedlichen Hierarchie-Ebenen. Es war aus heutiger Sicht ein Wunschtraum für jeden einfachen Angestellten: Man konnte seinem Vorgesetzten nach Herzenslust ins Bier spucken, ohne dass er einem das krummnahm. Sogar auf die Gräber wurde Chicha geschüttet, um den Ahnen ein bisschen irdisches Vergnügen mit auf ihre lange Reise geben zu können.

Im Inkareich wurde Chicha aufgrund der enormen Bedeutung irgendwann sogar staatlich produziert. Und noch heute stellen einige Amazonasvölker, wie etwa die Shuar in Ecuador, eine traditionell zubereitete Chicha her, deren Grundlage außer aus Mais auch aus der Pfirsichpalme oder Maniok gebacken werden kann. Allerdings ist das bizarre Getränk mit der wohl individuellsten Zubereitungsmethode der Welt ein bisschen aus der Mode gekommen, was an den Spaniern lag, denen die Pampe nicht ganz geheuer war. Dafür segneten uns die Iberer mit Nachfolgeprodukten wie dem weltweit vertretenen Corona, das außer Mais, Wasser, Hopfen und Hefe aber auch noch ein wenig Reis, Papin und Ascorbinsäure beinhaltet und somit mit dem Reinheitsgebot nicht mehr viel gemein hat.

Durchgesetzt hat sich das Maisbier aber trotz der erfolgreichen spanischen Eroberungszüge bei uns nicht. Von den 45 000 Hektolitern Corona-Importen mal abgesehen, haben es bis heute nur sehr wenige solcher Erzeugnisse bis nach Europa geschafft: Seit 1991 braut etwa die 1891 gegründete »Sonnenbräu« in St. Gallen ein eigenes Maisbier. Und was soll man sagen: Zumindest das war offenbar so gut, dass es als erstes Schweizer Bier überhaupt das »Culinarium«-Label für besonderen regionalen Genuss verliehen bekam und seither eine gelbe Krone auf dem Etikett prangen lassen darf. Dass die Braumeister bei der Herstellung einen Fladen kauen und dann wieder ausspucken, ist übrigens nicht überliefert.

Nichts für die Lokalrunde

Die Spucke ganz wegbleiben indes dürfte selbst einem betuchten Zecher beim Anblick des Preises einer Flasche »Vieille Bon Secours«, was auf Deutsch etwa »Alte gute Hilfe« heißt. Doch so gut kann diese Hilfe gar nicht sein, dass man dafür bereit wäre, umgerechnet 780 Euro auf den Tisch zu legen – was dieses Bier mit weitem Abstand zum gegenwärtig teuersten der Welt macht. Das momentan kostspieligste deutsche Bier kommt vom Brauhaus »Fürst Wallerstein«, das nahe des Städtchens Nördlingen in Bayerisch-Schwaben beheimatet ist. Die »1598 Edition Privée« mit neun Volumenprozent Alkohol schlägt mit schlappen 90 Euro zu Buche, dafür hat sie beim Genuss bereits drei Gärungen und drei Monate Reifezeit hinter sich. Im Vergleich zum »Vieille Bon Secours« produzieren die Wallersteiner mit ihrem neunprozentigen Luxusbier, das als Aperitif gedacht ist, trotzdem geradezu ein Schnäppchen.

Überhaupt hat es der gemeine Biertrinker im Vergleich zu manchem Weinliebhaber wirklich gut. Von den bereits vorgestellten Auswüchsen auf dem Craft-Beer-Markt oder am Oktoberfest einmal abgesehen, hat sich der Preis eines Kastens in den vergangenen 20 Jahren in Deutschland so gut wie nicht verändert: Kostete 1996 eine Kiste mit 20 Halbliter-Flaschen im Schnitt rund 20 D-Mark ohne Pfand, sind es heute laut Statistischem Bundesamt elf Euro. Da kann man, angesichts der allgemeinen Preisentwicklung seitdem mit einer Steigerung von knapp 25 Prozent bei Lebensmitteln, nun wirklich nicht meckern. Außerdem belegen wir in einem internationalen Bierpreis-Ranking, in dem pro Land vier weltweit erhältliche Marken und jeweils eine einheimische Sorte miteinander verglichen wurden, mit einem Durchschnittspreis von nur 0,82 Euro pro 0,33-Liter-Flasche unter 40 aufgeführten Nationen von Ägypten bis zur Türkei den zweiten Platz. Nur in Polen trinkt es sich demnach noch ein bisschen billiger. In Norwegen dagegen werden für besagten Drittelliter im Supermarkt oder an der Tankstelle im Schnitt happige 3,55 Euro fällig.

Wein dagegen ist bekanntlich schon lange nicht nur ein Genussmittel, obwohl es seit dem Altertum ausschließlich als solches gedacht war, sondern für viele Spekulanten, Aufschneider und andere ähnlich sympathische Zeitgenossen auch ein lukratives Investitionsobjekt. Der bislang höchste Preis für Wein wurde im Jahr 2010 von einem Hongkong-Chinesen berappt, der für drei Pullen Château Lafite mit dem offenbar recht gelungenen Jahrgang 1869 unfassbare 690 000 US-Dollar lockermachte. Dabei ist weder gesichert, ob der Inhalt noch genießbar ist, noch, ob überhaupt das drin ist, was draufsteht.

Dass letztere Zweifel berechtigt sind, bewies ein spektakuläres Gerichtsverfahren, das der Milliardär und frühere America's-Cup-Gewinner Bill Koch vor einigen Jahren angestrengt hatte. Koch hatte sich nämlich für über 3,5 Millionen Dollar rund 2600 Flaschen Bordeaux-Wein andrehen lassen, die aus den 1920er Jahren stammen sollten. Ein Gutachten ergab jedoch, dass die Füllung zumindest einiger Flaschen ganz und gar nicht dem Etikett entsprach. Unter den entlarvten Fälschungen war auch eine 1,5-Liter-Magnumflasche vom berühmten Weingut Château Pétrus, für die Koch allein 29 500 Dollar bezahlt hatte. Immerhin: Der geprellte Sammler gewann den Prozess – und die Erkenntnis, dass die Wein-Industrie weitgehend ein Haufen korrupter Geschäftemacher ist.

Von gefälschten Bieren ist dagegen weltweit kaum ein Fall bekannt, der jemals derart medienwirksam gewesen wäre, von kleineren regionalen Auswüchsen einmal abgesehen: So muss der Zoll leider feststellen, dass auch in der Getränkebranche mehr und mehr die negativen Folgen der Globalisierung und der Grenzöffnung spürbar werden. Die Behörde geht nach eigener Auskunft davon aus, dass alleine in Berlin mittlerweile 30 Prozent aller in der Gastronomie ausgeschenkten Biere gepanscht sind. Statt teurer Marken landen dann billige oder zusammengeschüttete Importsorten aus Polen, Bulgarien oder Tschechien in den Fässern, die dubiosen Kneipenwirten auf dem Schwarzmarkt angeboten werden. Und China wäre nicht China, würden nicht auch hier vor allem traditionelle bayerische Biermarken dreist nachgemacht – wenn sich auch die Akribie der asiatischen Fälscher leider auf die Etiketten beschränkt. Wo also in Shanghai, Wuhan oder Peking »Andechser« oder »Kloster Weltenburg« draufsteht, könnte also unter Umständen ein einheimisches Reisbier drin sein; trotz des Herkunftsschutzes, den der Bayerische Brauerbund für seine 300 Mitglieder in diesem Zusammenhang durchgesetzt hat. Aber mit den gegenwärtig rund 100 000 Hektolitern, die alleine vom Freistaat aus alljährlich auf dem chinesischen Markt landen, lässt sich die lokale Nachfrage nicht ansatzweise befriedigen – unsere Biere sind eben einfach zu gut.

Doch zurück zum »Vieille Bon Secours«, das seit 1995 von

einer belgischen Kleinbrauerei hergestellt und vorwiegend an Londoner Edelrestaurants ausgeliefert wird. Die Karaffe mit dem achtprozentigen Gebräu, das nach Anis-, Zitrus- und Karamellnuancen schmecken soll, ist nicht deshalb so teuer, weil der Brauprozess sehr aufwendig oder die Rohstoffe besonders wertvoll wären – ohnehin entfallen bei einem Bier nur ungefähr fünf Prozent des Preises auf die Zutaten und etwas mehr als 20 Prozent auf Herstellung und Vertrieb, während 50 Prozent an den Handel und fast 25 Prozent an den Staat gehen. Die Prunk-Plörre aus Belgien kostet so viel, weil jeder einzelne Behälter zehn Jahre lagert, bevor er geöffnet werden darf. Dass ein Bier mit einem vergleichsweise moderaten Alkoholgehalt so lange haltbar ist, grenzt ohnehin an ein Wunder. Noch erstaunlicher ist aber, dass es Menschen gibt, die wirklich so viel Geld dafür ausgeben.

Verschwenderischer war in diesem Zusammenhang wahrscheinlich nur jener unbekannte Käufer, der 2009 bei einer Auktion in Großbritannien satte 11 000 Euro für eine Flasche Löwenbräu ausgegeben hat – nur weil diese aus dem am 6. Mai 1937 abgestürzten deutschen Luftschiff LZ 129, genannt »Hindenburg«, stammte. Freude dürfte dem geheimnisvollen Abnehmer das seinerzeit von einem durstigen Feuerwehrmann in Sicherheit gebrachte und danach irgendwo vergessene Fläschchen aber allenfalls beim Betrachten machen. Experten sind sich einig, dass man dieses Bier spätestens seit Ende 1938 ganz sicher nicht mehr trinken kann …

DAS BIER
UND SEINE
BERÜHMTESTEN TRINKER

Der Beweis für Gottes Liebe

Zugegeben – so alt unser herrliches Bier auch sein mag und so unfassbar vielfältig es ist, eines muss man seinem ewigen Konkurrenten im Glas des Zechers leider lassen: Der Wein eignet sich offenbar besser dafür, einen auf dicke Hose zu machen. Es gibt ganze Lexika darüber, wie oft und an welchen Wendungen der Weltgeschichte der vermeintlich edle Rebensaft im Spiel war – und wie viele Berühmtheiten es gab und gibt, die sich ganz dem Weingenuss verschrieben haben und ohne diesen niemals zu solch kreativen Höchstleistungen fähig gewesen wären.

Angeblich ließ sich beispielsweise Johannes Gutenberg, seines Zeichens Erfinder der Buchdruckkunst, von einer Rebenpresse zu seiner bahnbrechenden Konstruktion inspirieren, die ab Mitte 1450 von Mainz aus nicht weniger als eine Medienrevolution in Europa auslöste. Oder Johann Wolfgang von Goethe: Der wahrscheinlich größte deutsche Dichter aller Zeiten konnte Zeitzeugen zufolge nur unter der Zuhilfenahme etlicher Schoppen seine Jahrtausendwerke zu Ende bringen – sagenhafte 900 Liter vorwiegend Frankenwein jährlich soll sich der Altmeister an seine Weimarer Heimatadresse haben liefern lassen. E.T.A. Hoffmanns nachweislicher Liebe zum Rotwein indes verdankt die Literatur eine Menge romantischer Poesie von Weltrang – und er selbst eine tödliche Leberzirrhose im Alter von nur 46 Jahren. Thomas Jefferson, legendärer dritter Präsident der Vereinigten Staaten und Verfasser der Unabhängigkeitserklärung, brachte von seiner Zeit als Diplomat in Frankreich Ende des 18. Jahrhunderts tiefbeeindruckt das Kelterhandwerk in die Neue Welt mit – und war so nicht nur eine der prägenden Figuren der amerikanischen Historie, sondern auch des Weinbaus in Übersee. Italiens Komponisten-Ikone Giuseppe Verdi spielte bereits als Neunjähriger auf dem Spinett in der Weinstube seiner Eltern im Dorf Le Roncole und kam so früh mit der inspirierenden Wirkung des Bardolino in Berührung. Frankreichs inoffizieller Staatsschauspieler und Hobbywinzer Gérard Depardieu rühmte sich in einem Interview, bis zu 14 Flaschen Wein am Tag zu konsumieren. Und selbst Deutschlands nach Umfragen beliebtester Fernsehmoderator Günther Jauch macht als erfolgreicher Weinproduzent von sich reden, seit er und seine Frau 2010 das 15 Hektar große Weingut »Von Othegraven« von seiner Nichte übernommen haben.

Und ja doch, es stand historischen Dokumenten zufolge flaschenweise Wein auf dem Banketttisch im Münsteraner Rathaus, als dort 1648 der Westfälische Frieden geschlossen wurde. Ebenso verhielt es sich mit den Tafelgetränken beim Wiener Kongress anno 1815, und auch in Versailles wurde wohl mit einem Glas edlem Bordeaux auf das Ende des Ersten Weltkrieges angestoßen. Theodor Heuss, der erste Präsident der jungen Bundesrepublik, bekannte freimütig, bis zu drei Flaschen Wein für das Verfassen seiner besten Reden zu benötigen. Helmut Kohl lud als ewiger Kanzler die wichtigsten Staatsmänner aus aller Welt auf ein paar Schöppchen Mosel in den Deidesheimer Hof ein, und selbst Angela Merkel kann man sich nach Feierabend kaum bei einem Pils oder einem Hefeweizen vorstellen; ihre Vorliebe für weißen Falanghina ist jedenfalls ebenso überliefert wie die Tatsache, dass bei den Koalitionsverhandlungen mit der FDP im Jahr 2009 Wein im Wert von 6400 Euro geflossen ist. Selbst Gerhard Schröder inszenierte sich einst nur für die Öffentlichkeit als hemdsärmeliger Biertrinker, sprach privat aber lieber teuren, trockenen Rotweinen zu – was angesichts seiner Zugehörigkeit zur sogenannten Toskana-Fraktion auch kaum verwunderlich war.

Es scheint also in höheren künstlerischen, politischen oder gesellschaftlichen Kreisen seit Jahrhunderten wenig schicklich zu sein, sich mit einem kühlen Blonden zu inszenieren. Rein imagemäßig steht der Wein für eine gewisse intellektuelle Prägung, warum auch immer. Trotzdem gibt es glücklicherweise viele bemerkenswerte Persönlichkeiten, die für ein frisch gezapftes Helles noch jede Karaffe Chardonnay oder Chianti stehenlassen würden. Und im Gegensatz zu seinem Wein propagierenden Kollegen Thomas Jefferson erkannte der große amerikanische Staatsmann Benjamin Franklin: »Bier ist der überzeugendste Beweis dafür, dass Gott den Menschen liebt und ihn glücklich sehen will.« Recht hatte der Mann! Außerdem erfand er den Blitzableiter. Was vielleicht keine Medienrevolution ausgelöst, aber dafür unzähligen Menschen das Leben gerettet hat. Das muss ja auch mal gesagt werden.

Auf den Hund gekommen

Unser erster Promi, dessen intensive Berührung mit dem Thema Bier überliefert ist, hat möglicherweise gar nicht existiert. Oder doch – die Forscher sind sich bei Till Eulenspiegel immer noch uneins. Angeblich lebte er als umherwandernder Schalk im 14. Jahrhundert in der Gegend um Wolfenbüttel. Sicher ist, dass der Spaßvogel in einer Geschichtensammlung auftauchte, die der Straßburger Verleger Johannes Grüninger anno 1510 auf den Markt brachte und die – kurz nach der Erfindung des Buchdrucks – zu einem der ersten wirklichen Weltbestseller wurde.

Eine dieser 95 kuriosen Geschichten, in denen der Protagonist allerlei groben Schabernack treibt, genauer gesagt die 45., befasste sich auch mit dem Brauwesen. Oder sagen wir mal, zumindest mit dem Versuch, ein anständiges Bier herzustellen. Das ist insofern nicht weiter verwunderlich, als es sich bei dem Ort, in dem die Handlung der Posse spielt, um das gute alte Einbeck handelte, das nur rund 50 Kilometer vom Geburtsort Till Eulenspiegels entfernt lag und das – wir erinnern uns – zu dieser Zeit als Bierstadt einen guten Namen hatte, der freilich dank des Mannes mit der klimpernden Narrenkappe schwer in Gefahr geriet.

Dabei war Eulenspiegel in Einbeck bereits negativ aufgefallen: Er hatte sich einige Monate zuvor maßlos betrunken und lag in einem desolaten Zustand unter einem Baum, als ein Bauer mit einem Karren voller frischer Pflaumen vorbeifuhr und den angesoffenen Clown aus Mitleid mitnahm. Die Früchte wollte der Landwirt auf dem Einbecker Markt verkaufen, doch leider konnte sein Mitreisender wohl aufgrund des vorherigen Alkoholgenusses seinen Darm nicht kontrollieren und, nun ja, besudelte die Pflaumen, ohne dass der Bauer es bemerkte. Anstatt sich für dieses Missgeschick zu entschuldigen, blamierte er den Verkäufer sogar noch, indem er sich verkleidet unter die Marktkunden mischte und die Erzeugnisse als »beschissen« klassifizierte, was leider zweifelsóhne stimmte.

Der Landwirt musste daraufhin das schöne Obst wegwerfen – und Eulenspiegel sah zu, dass er Land gewann. Aber nur, um wiederzukommen und sich am guten Bier der Stadt zu vergreifen. Und das kam so:

»Zu einer Zeit, als in Einbeck sein Streich mit den Pflaumen vergessen war, kam er wieder nach Einbeck und verdingte sich bei einem Bierbrauer. Da begab es sich, dass der Brauer zu einer Hochzeit gehen wollte. Er befahl Eulenspiegel, derweilen mit der Magd Bier zu brauen, so gut er könne. Später wolle er ihm zu Hilfe kommen. Vor allen Dingen solle er mit besonderem Eifer darauf achten, den Hopfen wohl zu sieden, damit das Bier davon einen kräftigen Geschmack bekomme, so dass er es gut verkaufen könne. Eulenspiegel sagte: ›Ja, gern‹, er wolle sein Bestes tun. Damit ging der Brauer zusammen mit seiner Frau zur Tür hinaus.

Eulenspiegel begann, tüchtig zu sieden. Die Magd unterwies ihn, denn sie verstand mehr davon als er. Als es nun so weit war, dass man den Hopfen sieden sollte, sprach die Magd: ›Ach, Lieber, den Hopfen siedest du wohl allein. Vergönne mir, dass ich für eine Stunde weggehe und beim Tanzen zuschaue.‹ Eulenspiegel sagte ja und dachte: Geht die Magd auch weg, so hast du Gelegenheit zu einem Streich. Was willst du nun diesem Brauer für eine Schalkheit antun?

Nun hatte der Brauer einen großen Hund, der hieß Hopf. Den nahm er, als das Wasser heiß war, warf ihn hinein und ließ ihn tüchtig darin sieden, dass ihm Haut und Haar abgingen und das ganze Fleisch von den Knochen fiel. Als die Magd dachte, dass es Zeit sei, heimzugehen und der Hopfen genug gekocht sei, kam sie und wollte Eulenspiegel helfen. Sie sagte: ›Sieh, mein lieber Bruder, der Hopfen hat genug gesiedet, lass ablaufen!‹ Als sie nun das Sieb versetzten und mit einer großen Kelle zu schöpfen begannen, da sagte die Magd: ›Hast du auch Hopfen hineingetan? Ich merke noch nichts davon in meiner Kelle!‹ Eulenspiegel sprach: ›Auf dem Grund wirst du ihn finden.‹ Die Magd fischte danach, bekam das Gerippe auf die Kelle und begann laut zu schreien: ›Ei, behüte mich Gott, was hast du dareingetan? Der Henker trinke das Bier!‹ Eulenspiegel sagte: ›Wie mich unser Brauer geheißen hat, Hopf, unsern Hund.‹

Währenddessen kam der Brauer betrunken nach Hause und sprach: ›Was macht ihr, meine lieben Kinder, seid ihr guter Dinge?‹ Die Magd sagte: ›Ich weiß nicht, was den Teufel wir tun. Ich ging eine halbe Stunde, dem Tanz zuzusehen, und hieß unsern neuen Knecht, den Hopfen derweilen gar zu sieden. Da hat er unseren Hund gesotten, hier könnt Ihr noch sein Rückgrat sehen.‹ Eulenspiegel sprach: ›Ja, Herr, Ihr habt mich das so geheißen. Ist das nicht eine große Plage? Ich tue alles, was man mich heißet, aber ich kann keinen Dank verdienen. Welche Brauer man auch nehmen will: Wenn ihr Gesinde nur die Hälfte von dem tut, was man es heißt, sind sie damit zufrieden.‹

Also nahm Eulenspiegel seine Entlassung, ging davon und verdiente nirgends großen Dank.«

Luther und das Speibier

Martin Luther könnte diese Geschichte sogar gelesen haben – zum Zeitpunkt der Veröffentlichung des Werks studierte er noch und hatte womöglich Lust auf ein wenig Abwechslung im knochentrockenen Uni-Alltag. Dass der Mann eine Vorliebe fürs Bier besaß, ist dagegen ganz und gar unstrittig und liegt zumindest aus zeitgenössischer Sicht praktisch auf der

Hand: 1517 war das hier schon zu Ehren gekommene Reinheitsgebot gerade mal ein zartes Jährchen alt und landauf, landab zumindest bei denen, die lesen konnten, noch immer in aller Munde, als Luther seine 95 Thesen an die Schlosskirche zu Wittenberg nagelte. Man kann also sagen, dass sowohl das auf dem Ingolstädter Landstädtetag beschlossene Gesetz als auch der Eislebener Theologieprofessor die Schlagzeilen jener Zeit nachhaltig bestimmten.

Doch Luther wusste auch in fachlicher Hinsicht durchaus Bescheid. Der Sohn aus gutem Hause begann bereits mit 18 Jahren an der Universität in Erfurt ein Jurastudium, dessen Grundausbildung er mit dem ersten Examen vier Jahre später beendete. Damals war der junge Student aus der Provinz jedoch eher abgestoßen von den Trinksitten an der Uni, die er wenig schmeichelhaft als »Hur- und Bierhaus« bezeichnete. Als er im Sommer 1505 von einem Heimatbesuch zurück nach Erfurt kam, um brav weiterzustudieren, wurde er knapp drei Kilometer vor dem Ziel von einem geradezu babylonischen Unwetter überrascht. In Todesangst warf sich der gläubige junge Mann zwischen Blitzen, Hagelschauern und Orkanböen auf den Boden – und rief in seiner schieren Panik die heilige Anna an, die als Mutter Marias und Großmutter von Jesus Christus gilt. Wenn er nur dieses Gewitter überlebe, dann würde er Mönch werden, schwor er Anna. Tja – und weil ein paar Minuten später der Spuk wieder vorbei war und Luther immer noch putzmunter, musste er sein Versprechen wohl oder übel einlösen. Gegen den Willen seines Vaters trat er bereits wenige Tage später in das Erfurter Augustiner-Kloster ein. Am 17. Juli 1505 klopfte er an die Pforte und blieb dort sechs Jahre lang.

In dieser Zeit lernte Martin Luther nicht nur, nach den

strengen Ordensregeln zu leben, die er gleich derart akribisch befolgte, dass er von den Kollegen schon nach eineinhalb Jahren zum Priester geweiht wurde. Ihm gefiel auch die Geselligkeit der Mönche untereinander. Denn selbstverständlich wurde auch bei den Erfurter Augustinern jede Menge Bier eingebraut, ein bisschen was für die einheimische Bevölkerung, vorwiegend aber für den üppigen Eigenbedarf nicht nur zu Fastenzeiten. Und da Luther schnell Gewissensbisse plagten, Gottes Anforderungen an eine effektive Vergebung seiner Sünden erfüllen zu können, dürfte er die Angst vor der ewigen Verdammnis des Öfteren mit dem ein oder anderen Krug hinuntergespült haben. »Wer kein Bier hat, der hat nichts zu trinken«, bemerkte er denn auch eines Tages – und verfasste in der Folge eine ganze Reihe weiterer Weisheiten zu diesem Thema, die heute noch geflügelte Worte sind. Seinem Leitspruch, »Iss, was gar ist, trink, was klar ist, red, was wahr ist«, ist eigentlich nichts mehr hinzuzufügen.

Zum überzeugten Reformator wurde Luther wahrscheinlich vor allem wegen einer Romreise im Sommer 1511, wo er neueren Forschungen zufolge wohl aufgrund diverser kleiner katechistischer Vergehen eine Generalbeichte ablegen musste und anschließend auf Knien die Heilige Treppe erklomm. Allerdings war er derart entsetzt über die sittlichen Entgleisungen in der Heiligen Stadt, dass sein Verhältnis zur römisch-katholischen Kirche fortan anhaltend gestört war. Seine Weltanschauung und sein Glauben wandelten sich in der Folge massiv – und praktischerweise enthielt Luthers selbstentwickelte Lehre die Ablehnung des Zölibats, weil er die Ehe im Gegensatz zu seinen früheren Vorgesetzten nicht mehr als eines der Sakramente erachtete.

So konnte er schließlich Katharina von Bora heiraten, eine

frühere Nonne, die ihrerseits als Ordensschwester im Zisterzienserinnenkloster von Marienthron bei Grimma die hohe Braukunst erlernt hatte, bevor sie kurz nach dem Gelübde mit einer Reihe anderer junger Frauen stiftenging – weil sie ebenfalls mit den starren Regeln der katholischen Kirche nicht mehr einverstanden waren. Man darf also getrost annehmen, dass bei Luthers daheim das Bier niemals ausging, zumal dort regelmäßig zahlreiche Gäste verkehrten: hauptsächlich Studenten, die dort eine Zeitlang zur Miete wohnten. War der Gatte gerade auf Dienstreise, musste Katharina ihm jedes Mal eine ordentliche Ration Hausbräu mit auf den Weg geben – und wenn das mal nicht reichte, sollte sie ihm unbedingt Bier nachschicken. Er drohte sogar in Briefen, nicht nach Hause zu kommen, bevor das neue Bier fertiggestellt war, auch wenn er diese Drohung wahrscheinlich nicht wirklich ernst meinte. Leider bekam das handwerkliche Geschick seiner Frau dem Hausherren nicht. Bekannt ist, dass der Mann zeit seines Lebens an chronischen Magenproblemen, Schwindel und Nierensteinen litt.

Wohl auch deshalb wetterte er wenigstens öffentlich beherzt gegen die Umtriebe der Trunksucht und schimpfte bei jeder sich bietenden Gelegenheit auf jene Scharlatane, die unreines Bier unter die Leute brachten. »Wo eine Stadt gut Bier bräuet, so sind ihr hundert, die Speibier bräuen«, ärgerte sich Martin Luther einmal, und wann immer er selbst zu viel von diesem »Speibier« intus hatte, bereute er in schöner Regelmäßigkeit den ersten Tag, an dem er dem »Saufteufel« verfiel. Allzu lange soll diese Reue aber nie angehalten haben, denn ebenfalls überliefert ist sein berüchtigter Trinkspruch »Bist du voll, so leg dich nieder. Stehe auf – und sauf' herwieder!«, was nicht gerade von einem Lerneffekt beim Alkoholkonsum zeugt.

Vermutlich war Martin Luthers Verhältnis zum Alkohol im Allgemeinen und zum Bier im Besonderen ebenso ambivalent, wie es schon in der Bibel geschrieben steht. So heißt es in Psalm 104, Vers 15 etwa: »Wie alle Gaben Gottes, soll auch der Wein den Menschen Freude bringen«, während der Prophet Moses bereits in seinem ersten Buch reichlich angewidert vom betrunkenen Noah berichtet, der nicht einmal mehr seine Blöße bedecken konnte, weil er so voll war! Zumindest dem Arche-Erbauer hat das nicht geschadet; er lebte nach der Sintflut noch 350 Jahre weiter. Luther hingegen musste seinem Lebenswandel deutlich früher Tribut zollen – er starb im Alter von 62 Jahren an seinen zahlreichen Leiden.

Während die christliche Kirche noch immer gespalten ist aufgrund der progressiven theologischen Anschauungen des großen Reformators, herrscht wenigstens bei seinem weltlichen Nachlass weitgehend Einigkeit. So stellt heute eine kleine Brauerei im thüringischen Leinefelde unter dem Namen Luther-Biere unter anderem ein preisgekröntes Starkbier her, mit dem sich trefflich nicht nur auf den runden Geburtstag des Reinheitsgebots anstoßen lässt, sondern auch auf das 500-jährige Reformationsjubiläum 2017. Außerdem gibt es zu Luthers Ehren an dessen Geburtstag in seinem Heimatort seit einigen Jahren eine »Biernacht«, die dem lebensfrohen Theologen sicher gefallen hätte. Getrunken wird dort nämlich ganz und gar ökumenisch!

Ein Königreich für ein Bier

Als Martin Luther – auch wegen seines nicht gerade homöopathischen Bierkonsums – bereits 18 Jahre unter der kalten Eislebener Erde lag, erblickte rund 1000 Kilometer weiter westlich, jenseits des Ärmelkanals, in Stratford-upon-Avon ein weiterer ganz großer Biertrinker das Licht der Welt: Der kleine William Shakespeare sollte später einmal zu den meistaufgeführten Schriftstellern der Geschichte gehören – und zu den prominentesten Biertrinkern, auch wenn sich sämtliche Wortspiele mit dem Nachnamen des Jahrtausend-Literaten in diesem Zusammenhang verbieten. Während das pittoreske Heimatstädtchen Shakespeares heute in mehreren Dutzend typischer britischer Pubs zum gemütlichen Trinken einlädt, musste der begabte Nachwuchslyriker auf anderem Wege zum Bier finden: Die Pest hatte leider schwer in Stratford gewütet und sowohl Einwohnerzahl als auch Infrastruktur erheblich ausgedünnt.

Erstaunlicherweise existieren über die Zeit zwischen 1584 und 1592 keinerlei Aufzeichnungen über Leben und Wirken des Dichters. Erst Mitte 1592 tauchte Shakespeare wieder in historischen Dokumenten auf – und zwar in London. Zu dieser Zeit erlebte England gerade einen enormen Aufschwung, und seine Städte wurden immer größer. Damit wuchsen auch die Freizeitmöglichkeiten für die Bevölkerung. Zwar hatten schon die römischen Besatzer in der Antike Britannien mit einem beachtlichen Straßennetz überzogen, an deren Kreuzungspunkten sich kleinere Herbergen samt angeschlossenen Gasthäusern etablierten. In London jedoch boomten die neuartigen Alehouses und Tavernen erst jetzt. Dort traf man sich nicht nach langen und anstrengenden Reisen, um sich auszuruhen, sondern tagtäglich nach getaner Arbeit, um sich ordentlich den Kittel zu verschalen. Die heute gängige Bezeichnung Pub etablierte sich übrigens erst viel später, im Viktorianischen Zeitalter zwischen 1840 und 1900, als Kurzform für »Public House«, also öffentliche Einrichtung.

Auch der aus der Provinz stammende William Shakespeare genoss also die Vorzüge des urbanen Lebens und war in vielen dieser neugegründeten Lokale gerngesehener Stammgast. Überliefert ist, dass er mit seinen Kollegen aus der Theatergruppe »Lord's Strange's Men« oft fröhliche Zecherrunden bis in die Nacht hinein feierte und dabei erheblich dem Bier zusprach. Wohl auch deshalb schrieb er eines Tages jenen berühmt gewordenen Satz nieder, der seine Vorliebe recht unmissverständlich zum Ausdruck brachte: »For a quart of ale is a dish for a king«, formulierte er, übersetzt etwa »Eine Kanne Bier ist ein Königstrank!«, obwohl die damalige Königin Elizabeth I. – die letzte Regentin aus dem Tudor-Clan – mit ziemlicher Sicherheit kaum Alkohol und schon gar kein Bier konsumierte. Eigentlich jedoch ist die vorgestellte Übersetzung des legendären Spruches nicht ganz richtig. Shakespeare bejubelte ausdrücklich das Ale, und in der Tat muss man bei ihm genau zwischen Ale und Bier unterscheiden, das ihm zahlreichen übereinstimmenden Aufzeichnungen zufolge überhaupt nicht schmeckte. Während heutzutage »Ale« in England und vor allem den USA ein Synonym auch für Bier ist, wie wir es kennen, herrschte damals eine strikte Unterscheidung dieser beiden Getränketypen. Bei einem Ale handelte es sich ausschließlich um ungehopfte, fermentierte Getränke – der Hopfen an sich war auf der dauerverregneten Insel auch wegen der mangelhaften Anbaumöglichkeiten bis ins 15. Jahrhundert hinein völlig unbekannt. Er setzte sich mit vereinzelten Importen aus den Niederlanden nur sehr langsam durch. Doch mit dem Humulus lupulus fanden nach und nach auch die ersten anständigen »Beer«-Sorten vom Kontinent aus ihren Weg nach England. Irgendwann bemerkten selbst die Briten, dass Hopfen durchaus positive Eigenschaften hatte, die man sich bei der Bierherstellung prima zunutze machen konnte, weshalb Anfang des 16. Jahrhunderts immer mehr Brauereien nach europäischem Vorbild entstanden.

Zu Shakespeares Zeiten existierten in London nur noch zwei reine Ale-, dafür aber bereits vier Bierbrauereien. Mehr Sudstätten erlaubte die Stadtverwaltung nicht – um den Anstieg der Preise für das begehrte Brennholz zu stoppen. Unserem Dichter jedoch, der inzwischen Mitbesitzer des bekannten Globe Theatre war und dort mit Stücken wie »Der Widerspenstigen Zähmung«, »Ein Sommernachtstraum« oder »Viel Lärm um nichts« riesige Erfolge feierte, waren die neuartigen Trendgetränke vom Festland viel zu bitter. Er blieb bis zu seinem Tode dem obergärigen, meist dunkelbraunen und nur kurz gegärten Ale treu, das nach manch einer umjubelten Vorstellung in Strömen geflossen sein dürfte – auch weil der Autor nun ein sehr wohlhabender Mann war, der sich die Sauferei problemlos leisten konnte.

Aber auch er zollte seinen Trinkgewohnheiten – Ale und Bier galten seinerzeit auch in England angesichts der miserablen Wasserqualität als mehr oder minder einzig reine und somit gesunde Getränke – über kurz oder lang Tribut. Im Alter von 46 Jahren kehrte Shakespeare zu seiner Familie nach Stratford-upon-Avon zurück; als wohlhabender, prominenter und leider auch kranker Mann. Sechs Jahre später starb er, wenn auch sein Tod eine nicht uncharmante Verbindung zu seinem bevorzugten Genussmittel aufweisen sollte. Als Sterbedatum wird der 23. April 1616 angegeben – jener denkwürdige Tag, an dem genau 100 Jahre zuvor in Ingolstadt das Bayerische Reinheitsgebot beschlossen worden war und der heute als »Tag des Bieres« entsprechend gewürdigt wird. Da passt es nur allzu gut, dass Shakespeares Heimatstadt Stratford-upon-

Avon seit einiger Zeit alljährlich im Juni ein großes Bierfestival veranstaltet, auf dem in den Gässchen und vor dem Geburtshaus des Dramatikers über 70 verschiedene Sorten ausgeschenkt werden, darunter viele traditionelle Ales. Man kann getrost davon ausgehen, dass der alte William seine helle Freude daran gehabt hätte.

Ein König von einem Brauer

Obwohl sich in England nach dem Tod der magenkranken Monarchin Elizabeth I. die Uhren scheinbar immer schneller drehten, das Haus Stuart für einige Zeit die Regentschaft übernahm, später Vater und Sohn Cromwell für ein paar Jahre die Geschicke führten, dann noch mal die Stuarts ans Ruder kamen und schließlich der Act of Union das immer schneller aufstrebende Königreich Großbritannien proklamierte, war das Land in Sachen Bier weit von einem Weltreich entfernt. Das Wetter wurde über die Jahrhunderte nicht besser, und anständiger Hopfen konnte aufgrund der ständigen Nässe nicht ordentlich gedeihen. Kein Wunder, dass die obergärigen, schalen und nach wie vor hopfenfreien Ales nicht totzukriegen waren. Noch heute ist England – obwohl nach Deutschland immerhin der zweitgrößte Bierproduzent Europas – Lichtjahre von unserer diesbezüglichen Vielfalt entfernt: Gerade einmal rund 500 Brauereien gibt es auf der Insel – und das, obwohl uns die Briten mit einem Pro-Kopf-Verbrauch von fast 90 Litern beinahe das Wasser, sorry: das Bier, reichen können. Netterweise behalten sie ihre Erzeugnisse weitgehend für sich, denn mit nur neun Prozent hat das Land eine der geringsten Exportquoten aller großen Biernationen. Nicht nur Spötter sagen, das sei auch besser so.

In Deutschland, besser gesagt in Preußen, war das schon damals anders. Hier war das Brauhandwerk seit dem 18. Jahrhundert gewissermaßen Chefsache. Und das lag ausgerechnet an einem Mann, der nicht gerade durch eine besonders gemütliche oder gar gesellige Geisteshaltung aufgefallen war: Friedrich Wilhelm I., der später als »Soldatenkönig« Karriere machen sollte. Und das, obwohl schon seine Erziehung ziemlich verkorkst war – sein Kindermädchen konnte kein Deutsch und brachte ihm nur Französisch bei, und der als Ausbilder beauftragte Alexander von Drohna war ein strenger Generalleutnant, der den kleinen Friedrich lieber exerzieren als spielen ließ. Mit zehn bekam er als Weihnachtsgeschenk von den Eltern nicht etwa eine Spieluhr oder ein Set Zinnsoldaten, sondern das mehrere Hektar große Gut Wusterhausen – verbunden mit der Bedingung, dort gefälligst das ordentliche Wirtschaften zu lernen. Und das tat er!

Verschwendung lehnte der Kronprinz fortan ab, unnötige Ausgaben waren ihm durch die Erfahrungen im Agrarwesen zuwider. Als der Sparfuchs 1713 nach dem Tod des Vaters schließlich zum König ernannt wurde, gehörten die großen Gelage am Hofe der Vergangenheit an – es gab keinen schwer zu beschaffenden Wein mehr und schon gar keinen teuren Sekt. Stattdessen führte Friedrich I. das Bier als offizielles Tischgetränk ein, und unnützes Personal wie der königliche Chocolatier wurden kurzerhand aus Kostengründen gefeuert. Den verwöhnten Hofschranzen waren diese Anwandlungen nicht geheuer, doch sie mussten sich wohl oder übel fügen, wollten sie beim Chef nicht in Ungnade fallen. Der wiederum liebte sein Bier, das er zu jeder Tageszeit und demnach natürlich auch als passendes Begleitgetränk zu seinen durch und durch bürgerlichen Mahlzeiten wie Kohl mit Schweinebauch, grünen Erbsen mit Hammel oder gekochten Rinderfüßen am liebsten literweise trank. Das allerdings ging ein bisschen auf die Hüften: Mit 30 Jahren soll Friedrich I. schon beinahe 130 Kilogramm auf die Waage gebracht haben, und auf zeitgenössischen Gemälden schob der Regent ein stattliches Hopfen-und-Malz-Lager vor sich her.

Gesoffen wurde aber auch durchaus dienstlich: In seinem legendären »Tabakskollegium« traf sich regelmäßig eine illustre Zecherrunde aus Adeligen, Politikern und hohen Militärs, die nicht nur zum ausgiebigen Biertrinken, sondern auch zum Rauchen zwingend verpflichtet waren. Friedrich erhoffte sich dadurch unvoreingenommene Meinungen und ehrliche Ratschläge, und so diskutierte man an diesem royalen Stammtisch in den Schlössern von Berlin oder Potsdam bis spät in die Nacht lautstark über Staatswesen oder Kriegsführung. Nur an besonders frivolen Abenden wurden sogenannte Lustige Räte hinzugezogen, die so lange abgefüllt wurden, bis sie sich zur Unterhaltung der anderen Anwesenden entweder danebenbenahmen oder aufeinander einprügelten. Das aber war die Ausnahme.

Die fast krankhafte Fixierung auf Militär und Ökonomie bekam selbstverständlich auch der Sohnemann des Hohenzollern-Patriarchen zu spüren, der sich zum Leidwesen des Vaters seit seinem 16. Lebensjahr lieber Flötenstunden statt Schießunterricht geben ließ und sich auch ansonsten danebenbenahm, indem er etwa französische Gedichte auswendig lernte oder sich – noch schlimmer – mit echten Künstlern umgab. Um derartig unpreußische Umtriebe im Keim zu ersticken, schickte Friedrich I. den gleichnamigen Thronfolger nach dessen verzweifeltem Fluchtversuch in den Festungsarrest nach Küstrin. Dort musste Friedrich junior dann mit ansehen, wie sein bester Freund Hans Hermann von Katte von Papas Truppen geköpft wurde, weil Katte von seiner Flucht gewusst und ihn dabei unterstützt hatte. Und er musste ein ordentliches Handwerk lernen, damit ihm schnellstmöglich die Flausen vergingen. Der strenge Vater entschied sich ohne lange Überlegungen fürs Bierbrauen – nicht nur, weil er selbst Bier so sehr mochte, sondern weil er es auch für eine Art Zaubertrank für seine Soldaten hielt, der diese mutiger und angriffslustiger machte. Und welcher Lehrberuf hätte sich für seinen Sohn besser geeignet als einer, der ihn befähigte, die militärische Ausdauer zu verstehen und idealerweise zu optimieren.

»Wie ihm denn auch vom Brauwesen aller nötige Unterricht zu geben und zugleich zu zeigen, wie das Brauwesen muss traktieret, gemaischet, das Bier gestellt, gefasst und überall dabei verfahren sein muss, wenn es gut ist«, formulierte Friedrich etwas holprig, aber es war klar, was er meinte. Also lernte der Sohn die Braukunst von der Pike auf – eigentlich eine undenkbare Aufgabe für einen künftigen König. Der junge Friedrich, der später zum Alten Fritz werden sollte, verlor zwischenzeitlich seinen Prinzenstatus und ließ sich von den Küstriner Schlossherren in alle Geheimnisse des Brauprozesses einweihen. Nach rund zwei Jahren konnte der adelige Häftling alles, was man damals über die Bierherstellung wusste, inklusive einiger selbsterfundener Rezepte. Am 31. Mai 1740 indes holten seinen Vater Friedrich I., der schon länger mit einer hartnäckigen Gicht zu kämpfen hatte und bisweilen im Rollstuhl saß, die Folgen von Rauchzwang, Rinderfüßen und Dauersuff endgültig ein – sein Herz blieb nach einer Lungenentzündung einfach stehen, obwohl es gerade mal 52 Jahre geschlagen hatte. Den Disziplinfanatiker hatte ausgerechnet seine Disziplinlosigkeit eingeholt, und der gelernte Braumeister Friedrich II. übernahm mit 28 Jahren die Macht. Er sollte sagenhafte

46 Jahre lang König bleiben – auch weil er deutlich gesünder lebte als sein Vater.

Mit dem Siebenjährigen Krieg und dem anschließenden Aufstieg Preußens zur Weltmacht hatte er genug zu tun, weshalb er während seiner Regierungsjahre eher nicht zum Brauen kam. Dennoch blieb Friedrich der Große dem Bier verbunden: »Am Bier darf es einem guten Soldaten nie fehlen«, gab er als Losung aus, und er beobachtete mit Argwohn den Siegeszug des Kaffees, der Mitte des 18. Jahrhunderts auch rund um Berlin kaum aufzuhalten war. Der Alte Fritz wollte aber das Geld lieber im Land halten, anstatt durch teure Importe Kaufkraft zu verlieren, und forderte sein Volk daher unmissverständlich auf, die einheimische Bierindustrie zu fördern und sich nicht neumodischen Modegetränken aus fernen Ländern hinzugeben.

Das klappte zwar nicht ganz, der Kaffee schaffte es, wie wir heute wissen, recht zügig auch in unsere Breitengrade. Dennoch hat sich der Preußenkönig mit dem Braudiplom einen Platz in den Geschichtsbüchern gesichert. Nicht nur, weil er ein bedeutender Aufklärer war und sich selbst als ersten Diener des Staates sah, sondern auch weil dieser Mann bis heute einer der wenigen Politiker gewesen ist, die wussten, wovon sie sprachen. Zumindest, wenn's ums Bier ging.

Ruhmreiche Ausnahmen –
»Die erste Pflicht der Musensöhne ist, dass man sich
ans Bier gewöhne« – biertrinkende Schriftsteller

Obwohl sich die meisten Dichter und Denker jener Zeit – wie ja schon eingangs erwähnt – eher und ausgiebiger dem Wein hingaben, gab es hin und wieder erwähnenswerte Ausnahmen: So soll von Friedrich Schiller die unmissverständliche

Aussage stammen: »Mit Vergnügen trinke ich Bier!« Das kann bei ihm jedoch durchaus auch aus therapeutischen Gründen der Fall gewesen sein; immerhin war der sensible Schwabe zeit seines Lebens ein, nun ja, kränklicher Zeitgenosse, der mit 15 Jahren noch als Bettnässer galt und der dem Tuberkulose-Tod im Alter von 22 gerade noch von der Schippe sprang. Doch auch die vermutlich von Schillers ratlosen Ärzten anschließend als Allheilmittel verordnete tägliche Dosis Bier vermochte den Mann langfristig nicht zu retten: Mit nur 46 Lenzen starb Friedrich Schiller am 9. Mai 1805 an einer akuten Lungenentzündung in Weimar, und wäre es nicht die Lunge gewesen, so hätten ihn seine zerstörten Nieren, die vergrößerte Milz oder das zurückgebildete Herz dahingerafft. Aber wer weiß schon, wie es ihm ohne sein Lieblingsgetränk ergangen wäre.

Etwas besser bei Gesundheit war der zeitgleich lebende und bei Publikum und Kritik stark umstrittene Schriftstellerkollege Jean Paul, der bürgerlich eigentlich Johann Paul Friedrich Richter hieß und sich mit dem Roman »Die unsichtbare Loge« einen Namen gemacht hatte. Der Autor aus Wunsiedel galt geradezu als berüchtigter Trinker, wenn er auch großen Wert darauf legte, dies nicht um des Saufens willen zu betreiben, sondern um die eigene Kreativität zu steigern. »Ich kenne keinen Gaumen-, nur Gehirnkitzel«, schrieb er seinen stolzen Alkoholkonsum verteidigend an Emanuel Osmund, jenen Jugendfreund, der ihn an seinen jeweiligen Wohnorten in Meiningen, Coburg oder Weimar mit Bayreuther Bier versorgen musste. »Steigt mir eine Sache nicht in den Kopf, so soll sie auch nicht in die Blase«, lautete denn auch die Lebenseinstellung Jean Pauls, die sich in geschätzten drei bis fünf Litern Gerstensaft täglich widerspiegelte.

Die Lieferungen aus der oberfränkischen Markgrafenstadt konnte Dichter Richter kaum erwarten – sehr zum Leidwesen seiner Frau Karoline, die ihre diesbezüglichen Beobachtungen schriftlich dokumentierte. Sie schrieb: »Bei der Einfahrt eines Bierfasses läuft er seliger umher als bei dem Eintritt eines Kindes in die Welt. Mit solcher Ungeduld werden die Stunden gezählt und schon im Voraus mit Trinken gefastet.« In zahllosen Aufzeichnungen huldigt er dem Bier, beschwert sich über missliebige Sorten und fleht bei Osmund um Nachschub: »Sollte das Bier schon unterwegs sein – was Gott gebe –, so bitt' ich Sie herzlich, sogleich neues nachzusenden; weil der Transport vom Fass in mich viel schneller geht als von Bayreuth zu mir.« Trotzdem konnte Bierfan Jean Paul zumindest seinen 62. Geburtstag noch feiern, was auch damals kein biblisches Alter war – aber im Vergleich zu Schiller wenigstens ein halbwegs gelebtes Leben bedeutete.

Wilhelm Buschs Vorliebe für Brauerzeugnisse aller Art mag weniger verwundern. Die ein oder andere seiner berühmten »Schosen« sei ihm nach dem Genuss einiger Krüge Hellem gekommen, wie er selbst einmal freimütig einräumte, und für seine eher ernst daherkommenden Schaffensgenossen hatte Busch einen guten Tipp parat, den dennoch die wenigsten von ihnen beherzigten: »Die erste Pflicht der Musensöhne ist, dass man sich ans Bier gewöhne.«

Seine erklärte Lieblingsbrauerei aus Stadthagen, dem Nachbarstädtchen seines Geburtsortes Wiedensahl, hat ihm zu Ehren sogar ein eigenes »Wilhelm Busch Bier« auf den Markt gebracht.

*Partyhengst Otto von Bismarck – »Es wird bei uns Deutschen
mit wenig so viel Zeit totgeschlagen, wie mit Bier trinken.«*

Was nicht in den Geschichtsbüchern steht: Otto von Bismarck,
Ministerpräsident von Preußen und später als erster Reichskanzler des Deutschen Reiches bekannt, trat in seinen früheren Jahren weniger als erzkonservativer Politker denn als ziemlicher Partyvogel in Erscheinung. So bereitete Otto seinen
gutsituierten Eltern während seines Studiums nicht nur wegen
einiger wilder Eskapaden mit dem anderen Geschlecht Sorgen – er verlor sogar seine Referendariatsstelle, weil er im
schwülen Sommer 1837 erst mit seiner französischen Freundin Ferien machte, anschließend mit seiner englischen Geliebten auf Reisen ging und so den genehmigten Urlaub um mehrere Wochen überzog. Bismarck hatte außerdem noch einen
stattlichen Schuldenberg angehäuft, weil er an keinem Casino
vorbeikam, ohne sich ein paar Stunden an den Roulettetisch
zu setzen.

An diesem lasterhaften Leben änderte auch die Landwirt-
schaft nichts, der sich Otto von Bismarck ab 1839 hingab, um
gemeinsam mit seinem Bruder nach dem Tod der Mutter das
elterliche Gut in Pommern zu bewirtschaften. Weil auf dem
Land seit jeher nach getaner Arbeit auf dem Feld ein geselliges
Beisammensein in der Gastwirtschaft folgte, erwarb sich der
Nachwuchsbauer schnell den Ruf, die anderen Anwesenden
mir nichts, dir nichts unter den Tisch zu trinken. Ehrfurchts-
voll nannte man ihn gar den »tollen Bismarck«, weil er jedes
noch so ausschweifende Zechgelage ohne größere Ausfälle
und Peinlichkeiten zu überstehen vermochte.

Vermutlich aus dieser Lebensphase nahm der spätere
»eiserne Kanzler« seine unvernünftigen Lebensgewohnheiten

mit, die noch heute – knapp 120 Jahre nach seinem Tod – überaus respekteinflößend sind. So soll er täglich zwölf Eier gefrühstückt und zum Abendessen ein bis zwei Flaschen Wein getrunken haben. Und: Der Mann hat nachweislich bis ins hohe Alter hinein fünf Flaschen Bier pro Tag geleert; wohl weniger, weil er Durst hatte, sondern eher aus Langeweile, wie er selbst einmal in einer Rede vor dem Reichstag einräumte: »Es wird bei uns Deutschen mit wenig so viel Zeit totgeschlagen, wie mit Bier trinken«, meckerte er –, um sich gleich danach vermutlich selbst eins zu genehmigen. Immerhin hatte er bereits Jahre zuvor im Reichskanzlerpalais in der nahen Wilhelmstraße regelmäßige »parlamentarische Bierabende« ins Leben gerufen, die schnell zu den beliebtesten gesellschaftlichen Ereignissen in Berlin zählten.

Schließlich war die Trinkerei für ihn auch ein Stück weit Politik: Schon als preußischer Gesandter in St. Petersburg erkannte er, dass man sich auf diplomatischem Parkett nur dann erfolgreich bewegen konnte, wenn man beim Festbankett nicht als Erster vom Stuhl rutschte. Später waren die Einladungen zu Bismarcks nach Hause bei Freund und Feind gefürchtet – politische Gegner einerseits und enge Weggefährten andererseits wussten, dass man dort erst dann wieder gehen durfte, wenn man bis oben hin abgefüllt war. Dem Reichskanzler widersprechende Meinungen hatten sich zu diesem Zeitpunkt in den meisten Fällen schon längst im Rausch aufgelöst und sich zugunsten des Hausherrn gedreht. Dass Otto von Bismarck zwischenzeitlich fünf Zentner wog, unter starkem Rheuma litt und massive Gefäßerkrankungen hatte – geschenkt. Dafür setzte er sich in vielen Streitfragen am Ende durch.

Bis auf einen strittigen Punkt jedenfalls: So versuchte er in seiner Amtszeit mehrmals, Steuererhöhungen ausgerechnet auf das Volksgetränk Bier durchzusetzen, um die Staatseinnahmen zu steigern. Geradezu legendär ist in diesem Zusammenhang eine Debatte aus dem Jahr 1881, als Bismarck die Brausteuer heraufzusetzen versuchte, während Branntweinerzeugnisse von einer weiteren Erhöhung ausgenommen werden sollten. Das Bier sei schließlich vor allem ein Getränk der Oberschicht, argumentierte er, während der Schnaps vorwiegend von armen Leuten konsumiert werde. »Ein tüchtiger Schluck Branntwein«, so Bismarck, würde den Arbeiter bei Laune halten, das bayerische Bier dagegen würde ihn eher träge machen. Der erheiterte Reichstag lehnte den Vorstoß jedoch ab, und unser Bier wurde auch unter Otto von Bismarck zum Glück nicht mit einer Luxussteuer belegt.

Trotz dieser Schlappe blieb er dem Bier natürlich privat verbunden, was auch einen ganz banalen Grund hatte. Bei aller Völlerei mit Unmengen an gebratenem Fleisch, der sich Bismarck immer wieder entgegen dem Rat seiner Ärzte und auch seiner Frau hingab, konnte er seine Finger von einer Leibspeise nicht lassen: dem sauren Hering, der später einmal seinen Namen tragen sollte. Über die Herkunft der Bezeichnung »Bismarckhering« gibt es unterschiedliche Theorien. Von denen stimmt zwar wahrscheinlich nur die, dass nicht nur Straßen und Plätze, sondern auch jener in Essigmarinade eingelegte Atlantikfisch aus schierer Verehrung nach dem hochgeschätzten Staatsmann benannt wurden. Ganz und gar unstrittig allerdings ist, dass zu einem Bismarckhering seit jeher nur ein Getränk wirklich passte: ein frisch gezapftes, herbes – genau, Bier natürlich!

Der alte Mann und das Bier

Ebenso wie Bismarck war unsere nächste Persönlichkeit ein eher breitaufgestellter Genussmensch. Na ja, um genauer zu sein, war er eigentlich die meiste Zeit seines Lebens ein harter Trinker. Dennoch widmete der 1899 in Illinois geborene Ernest Hemingway dem Bier in seinen Werken so viele Zitate, Anspielungen und Reminiszenzen, dass man davon ausgehen kann, dass der Jahrhundertschriftsteller eine besondere, geradezu liebevolle Beziehung zu just diesem Getränk hatte – und all den anderen Alkohol vorwiegend zwanghaft aufgrund seiner immer schlimmeren Depressionen in sich hineinkippte.

Den Alkoholismus hatte Hemingway im Übrigen leider mit vielen seiner zeitgleich erfolgreichen Kollegen gemein: Über Sinclair Lewis, den Erfinder der berühmten Spießbürgerfigur »Babbitt« und allerersten US-Literaturnobelpreisträger hieß es, er konsumiere einen Liter Weinbrand und mehrere Flaschen Rotwein am Tag, und erst als ihm sein Leibarzt nach zwei Herzinfarkten ins Gewissen redete, stieg er auf Bier um. Dramatiker Eugene O'Neill, der vierfache Pulitzer-Preisträger, soll sich sogar Möbelpolitur ins Wasser gemischt haben, wenn die Whisky-Vorräte aufgebraucht waren, und der große William Faulkner trank oft tagelang durch, bis er bewusstlos zusammenbrach und sich nach dem Aufwachen an nichts mehr erinnern konnte und von vorne begann.

Thomas Mann, das europäische Pendant jener bedeutenden amerikanischen Erzählergeneration, war dagegen eher ein spießbürgerlicher Vernunftmensch. Seinen nicht wirklich exzessiven Umgang mit dem Thema beschrieb er in seinem Essay »Über den Alkohol«: »Ich trinke täglich zum Abendbrot ein Glas helles Bier und reagiere auf diese anderthalb Quart so stark, dass sie regelmäßig meine Verfassung dadurch verändern. Sie verschaffen mir Abruhe, Abspannung und Lehnstuhlbehagen«, schrieb er – und legte sich danach vermutlich schlafen. Von weiteren Maßlosigkeiten des »Buddenbrooks«-Schöpfers, die möglicherweise sogar über den Genuss von 0,375 Litern pro Tag hinausgingen, ist nichts bekannt. Und auch Bert Brecht, der sich, heute würde man sagen: aus Imagegründen, gerne als nonkonformistischen Trunkenbold gerierte und aus diesem Grund sogar zwei Gedichte – »Über den Schnapsgenuß« und »Vorbildliche Bekehrung eines Branntweinhändlers« – verfasste, war im wahren Leben eher ein Kostverächter, der sich vor den Folgen des Rausches ekelte.

Bei Hemingway jedoch, dem testosterongesteuerten Großwildjäger und furchtlosen Frontreporter, der sich für den Stierkampf begeisterte und der in beiden Weltkriegen über hundert deutsche Soldaten erschossen haben soll, barg das Thema Alkohol und vor allem Bier immer einen Hauch Romantik und Abenteuer. Egal, ob es ihn nach Loitokitok in Kenia oder nach Montafon in Vorarlberg verschlug, stets schwärmte der Schriftsteller geradezu enthusiastisch in Briefen oder Tagebucheinträgen von den örtlichen Brau-Erzeugnissen. Im heißen Afrika bevorzugte er während seiner beiden Aufenthalte 1933 und 1953 das kenianische »Tusker«, weil es das »einzig kalte Getränk weit und breit« war. Im winterlichen Österreich Mitte der zwanziger Jahre dagegen gab er sich in den gemütlichen Wirtsstuben dem süffigen »Fohrenburger« hin und gewann selbst dann noch gegen die Einheimischen beim Pokern, als auf seinem Deckel schon sieben Liter davon standen. Im spanischen Pamplona, das er insgesamt neunmal besuchte, saß er wiederum zumeist in der berühmten »Bar Txoko« und beobachtete bei einem halben Dutzend Biere die Menschen, die den berühmten Gast ihrerseits bestaunten und fotografierten. Und wenn ihm der Trubel zu viel wurde, schnappte er sich ein paar Flaschen »Estrella« und seine Angel, wanderte aus der Stadt hinaus bis zum Örtchen Aribe am Fluss Irati und wartete darauf, bis eine Forelle anbiss oder der Biervorrat aufgebraucht war oder, im Idealfall, beides.

»Ein intelligenter Mensch muss sich eben manchmal betrinken, um auch Zeit mit Idioten verbringen zu können«, wusste er – und ließ das Bier immer wieder in seinen Werken vorkommen. So bekannte er in seinem 850-Seiten-Romanfragment ›Die Wahrheit im Morgenlicht‹, das 1999 posthum erschienen ist: »Wir tranken fast immer Bier zum Frühstück, falls wir nicht gerade einen Löwen jagten. Bier vor oder zum Frühstück war eine feine Sache, aber es machte einen langsamer, wenn auch vielleicht nur um eine tausendstel Sekunde.« Auch Hemingways grundsätzliche Meinung zum Bier ließ keine Zweifel übrig, was er von dem Trank hielt: »Bier war so natürlich und notwendig für mich wie das Essen, und ich konnte mir nicht vorstellen, eine Mahlzeit einzunehmen ohne ein Bier dazu«, sagte er einmal. Seine Leidenschaft ging so weit, dass er sich sogar vom amerikanischen Fotografen John Bryson für das LIFE-Magazin beim Biertrinken ablichten ließ und eines der dabei entstandenen Bilder aus dem Jahr 1959 zu einem der bekanntesten Künstlerporträts aller Zeiten werden konnte – es trägt den bezeichnenden Titel »Ernest Hemingway kicking a Beer Can«.

Zu diesem Zeitpunkt jedoch hatte der Meister den Gipfel seiner Schaffenskraft bereits überschritten. Es war wohl die heftige Elektroschocktherapie, damals bei der Behandlung von Suchterkrankungen üblich, die für die immer häufigeren Ausfallerscheinungen Hemingways verantwortlich war. Als die mentalen Probleme immer größer wurden, war am Ende auch das geliebte Bier nur mehr ein bloßes Rauschmittel, um irgendwie über den Tag zu kommen. Das Schreiben funktioniere nicht mehr, nur noch trinken und schießen, lautete zu Beginn der sechziger Jahre das traurige Fazit nach mehr als einem Dutzend umjubelter Welterfolge wie »Schnee auf dem Kilimandscharo«, »Haben oder Nichthaben«, »Der alte Mann und das Meer« oder »Wem die Stunde schlägt«. Und so kam es, dass der große, trinkende Erzähler Ernest Hemingway zuerst zum großen Trinker schrumpfte – und dass selbst der große Trinker Ernest Hemingway eines Tages des Trinkens überdrüssig wurde. Am Morgen des 2. Juli 1961 schoss er sich im Schlafzimmer seines Anwesens in Ketchum/Idaho mit einer doppelläufigen Schrotflinte in den Kopf. Er soll dabei stocknüchtern gewesen sein.

Der Gossenpoet mit dem großen Durst

Charles Bukowski wiederum war höchstwahrscheinlich nicht einmal bei seiner Begegnung mit dem Tod nüchtern, der ihn am 9. März 1994 nach einer längeren Blutkrebserkrankung daheim in Los Angeles abholte und zu Hemingway, Faulkner und all den anderen gleichgesinnten Kollegen an die ewig geöffnete Bar mitnahm. Dass seine Leber das Spielchen jedoch überhaupt 73 Jahre mitgemacht hatte, grenzte an ein medizinisches Wunder – gilt der in Andernach am Rhein geborene Dichter mit sprachlichem und mentalem Hang zur Gosse doch als einer der ganz großen Trinker der Literaturgeschichte mit einer geradezu schwärmerischen (und leider auch selbstzerstörerischen) Hingabe an das Bier.

Es lag weniger, wie oft gemutmaßt wurde, an seinen teutonischen Wurzeln, dass Bukowski diesem Getränk weitaus mehr zugetan war, als ihm guttat: Er siedelte mit seinen Eltern schon mit zarten zwei Jahren in die USA über, und selbst einer wie er war unverdächtig, in diesem Alter bereits etwas anderes außer Milch zu trinken. Schuld an seinem Hang zu Bier und später auch anderen flüssigen Rauschmitteln war vorwiegend die schwierige Vita des Spätberufenen: Schon der Vater war ein cholerischer Alkoholiker, der den Sohn regelmäßig körperlich züchtigte und seine Frau nahezu wöchentlich mit Prostituierten hinterging. In der Schule wurde der kleine Charles wegen seiner deutschen Herkunft von Mitschülern und Lehrern so sehr gemobbt, dass er einen heftigen Hautausschlag bekam, der fast die gesamte Pubertät über anhielt. Und seine Gelegenheitsjobs als Briefträger, Leichenwäscher, Türsteher oder Spüler führten auch nicht gerade dazu, dass der Mensch Bukowski im Laufe der Zeit immer ausgeglichener wurde. Dafür entging er wegen seiner im Jugendalter begonnenen Sauferei mit Dosenbier als Frühstücksersatz dem Wehrdienst – und erlitt bereits mit 35 Jahren eine heftige Magenblutung, die ihn beinahe das Leben kostete. »Alkohol oder Tod«, mahnten die Ärzte seinerzeit streng, Bukowski entschied sich für die erste Alternative und feierte seine Entlassung aus dem Krankenhaus in der nächsten Kneipe. Aber er starb trotzdem nicht.

Stattdessen flüchtete er sich ins Schreiben, was gleichbedeutend war mit einer endgültigen Flucht in den Alkohol: Bis zu 25 Dosen Bier täglich soll »Buk« bei der Arbeit verbraucht haben, behauptete er selbst nicht ohne Stolz. Und schwärmte in einem Gespräch aus dem Jahr 1982 wenig appetitlich davon, dass nach einem solchen Exzess der Stuhlgang am Tag danach eine geradezu befreiende Wirkung auf ihn habe. Nur: Wie viel bei ihm aufgesetzte Attitüde und wie viel erlebte Wahrheit waren, das ließ Charles Bukowski stets offen. Er habe, erzählte er, wochenlang zwischen Kakerlaken und zertretenen Bierdosen verbracht, was eine eher unromantische Vorstellung eines ausschweifenden Dichterlebens vermittelte. Tatsächlich ermöglichte ihm sein Schaffen zumindest ab dem Beginn der siebziger Jahre einen respektablen Wohlstand, den er wohl auch sehr genoss. Doch er brauchte dieses ramponierte Image auch, um seiner Rolle als unangepasster Rebell gerecht und als verhurter, ordinärer und eben versoffener Poet wahrgenommen zu werden, als der er vermarktet wurde. Verlage und Veranstalter taten ihm (und sich) den Gefallen: Regelmäßig standen während seiner Auftritte ganze Batterien an Wein- und Bierflaschen auf der Bühne – und nicht wenige Besucher waren nur deshalb zu einer Lesung gekommen, um live mitzuerleben, wie sich der Bestsellerautor ordentlich volllaufen ließ und danebenbenahm. Das brachte ihm immerhin eine verkaufte Auflage von vier Millionen Büchern alleine in Deutschland ein.

Folgerichtig fand das Bier auch Eingang in das Œuvre des Künstlers: »The Beer Poem« beginnt mit den Sätzen »Ich weiß nicht, wie viele Flaschen Bier / ich trank, als ich auf Dinge wartete / Ich weiß nicht, wie viel Wein und Whisky / und Bier, hauptsächlich Bier / ich trank, nachdem Beziehungen in die Brüche gingen«, schrieb er sich den Suff von der Seele – und schließt seine traurige Lyrik mit den Worten »Bier – Flüsse und Seen voller Bier / Das Radio spielt Liebeslieder / Das Telefon bleibt stumm / Und die Wände stehen gerade herum / Und das Bier ist alles, was es noch gibt.«

Solch ein Bekenntnis gab es in der Weltliteratur zuvor tatsächlich noch nicht – und das hatte Strahlkraft auch auf andere Autoren: »Ein Bier mit Bukowski« heißt ein Gedicht des deutschen Schriftstellers Jörg Fauser, der seinem Vorbild in Sachen Lebenswandel und Sprache durchaus nahekam und ihn in seiner Eigenschaft als »Playboy«-Reporter im Jahr 1977 in Los Angeles interviewte; nach einer zufälligen Begegnung an der Bar der Pferderennbahn, die in einem zwanzigstündigen gemeinsamen Besäufnis in Bukowskis Wohnung endete und zu dem Fazit führte: »Langsam das Bier aussüffeln und langsam nach draußen gehen / Langsam wie die Würmer aus dem After kriechen / Die Tellerminen sind uns längst so egal wie das Feuilleton / Alles in Ordnung mit deiner Menschheit, alles ganz klar / Wenn's in der Hose feucht wird, gibt's drei Möglichkeiten / Pisse, Blut oder kalter Bauer. Such dir was raus.«

Doch während Fauser, der stets wusste, dass das nächste Bier immer das Bier zu viel sein würde, wenige Jahre später mitten in der Nacht nach seinem 43. Geburtstag als nicht mehr nüchterner Fußgänger auf der Autobahn A 94 bei München von einem Lastwagen ausgerechnet auf der Überholspur tödlich verletzt wurde, hatte Bukowski noch über eineinhalb Jahrzehnte vor sich – was selbst hartgesottene Internisten erstaunte. Und hätte ihn der Blutkrebs nicht ereilt, wer weiß, wie alt er dann noch geworden wäre. Aber vielleicht war das mit dem Saufen und Schreiben alles ja auch nur eine Marketingmasche, wie es sie genialer nicht geben konnte. »Ich kannte ihn rund 30 Jahre, aber ich habe ihn nie betrunken erlebt«, behauptete sein langjähriger amerikanischer Verleger John Martin anlässlich von Bukowskis 20. Todestag im Jahr 2014. Es ist aber unter dem Eichstrich auch egal: Wer dem Bier ein eigenes Gedicht widmet, der hat sich einen Platz in diesem Buch auf jeden Fall verdient.

Während sich manche Schriftsteller also offen zum kreativen Bierkonsum bekannten und bekennen, ist das Verhältnis der meisten Politiker zum Bier eher ambivalent. Einerseits inszenieren sich viele der Mächtigen gerne mit Hilfe des Bieres als hemdsärmelige Volksversteher. Immerhin lässt sich mit kaum einem anderen Bild die Nähe zum gemeinen Bürger wirkungsvoller demonstrieren – was man vor allem, aber nicht nur, in Wahljahren in zigtausendfacher Ausführung vom kommunalen Mandatsträger bis hin zu diversen Bundesministern beobachten kann, wenn sie sich auf der Dorfkirmes, dem örtlichen Schützenfest oder dem alljährlichen Brauchtumsumzug mit einem repräsentativ eingeschenkten Bierkrug ablichten lassen.

Andererseits darf man auch nicht alles glauben, was man da sehen soll. So ließ sich zum Beispiel Edmund Stoiber während seiner eineinhalbstündigen Reden zum politischen Aschermittwoch in Passau gerne auch einen lauwarmen Ingwertee in der Maß servieren, damit die Stimme nicht zu brüchig und der Redner selbst nicht zu übermütig wurde. Auch beim öffentlich inszenierten Weißwurstfrühstück beim G7-Gipfel im Jahr 2015 auf Schloss Elmau schwamm lediglich alkoholfreies Weißbier in den Gläsern von Angela Merkel und Barack Obama; immerhin musste danach ja noch die Welt gerettet werden. Und selbst auf dem legendären Starkbierfest am Münchner Nockherberg war das klaren Kopf bewahrende »Bleifreie« in den Krügen der geladenen Politprominenz jahrzehntelang gang und gäbe – bis vor einiger Zeit ein investigativer Journalist des Bayerischen Rundfunks die Kellnerinnen diesbezüglich befragte und so live im TV einen kleinen Skandal ans Licht brachte. Seitdem, so heißt es, traut sich kaum ein Abgeordneter mehr, ein solches Tarngetränk zu bestellen, sondern greift notgedrungen zum 7,5-prozentigen Salvator – und sagt die anderen Termine des Abends lieber von vornherein ab.

Willy Brandt und Helmut Schmidt dagegen posierten zwar gerne mit der Pilstulpe, bevorzugten wie viele andere deutsche Spitzenpolitiker vor allem der sechziger und siebziger Jahre eher Hochprozentiges: Kanzleramts-Spion Günter Guillaume, selbst dem Kirschwasser nicht abhold, führte in seinen Aufzeichnungen über den enormen Schnaps- und Rotweinkonsum Brandts im Auftrag der DDR akribisch Buch und notierte erstaunt die teils tagelangen Exzesse, die seinen Chef gelegentlich dienstunfähig machten. Und zwischen Willys Amtsnachfolger Schmidt und dem Sowjetpräsidenten Leonid Breschnew soll es mehrfach zu bilateralen Wodka-Gelagen in Moskau gekommen sein, bei denen der nikotinfreundliche Hanseat allerdings nach dem zweiten Viertelliterglas so konsterniert wie hackenstramm aufgab.

Dennoch gibt es einige bierige Geschichten aus dem Reich der Mächtigen, die es wert sind, erwähnt zu werden. Etwa die der verfeindeten Unions-Politiker Rainer Barzel und Ludwig Erhard: Der damalige Bundeskanzler, ein fränkischer Protestant, kandidierte auf dem Bundesparteitag der CDU im Jahr 1966 als Vorsitzender gegen den Katholiken Barzel, um dessen Einfluss in der Partei auszubremsen. Es gelang. Der gedemütigte Fraktionschef verlor erst krachend in einer Kampfabstimmung gegen den Vater des Wirtschaftswunders – und bekam dann auch noch das schlechteste aller Ergebnisse für den Stellvertreterposten, weil Erhard hinter den Kulissen heftig gegen seinen Rivalen intrigiert hatte. Normalerweise hätten die beiden wohl kein Wort mehr miteinander gesprochen, wenn sich nicht Ludwig Erhard, von schlechtem Gewissen gepeinigt, im Foyer der Bonner Beethovenhalle kurzerhand eine Flasche Bier geschnappt, in zwei Gläser geschenkt und eins davon dem verdutzten Rainer Barzel in die Hand gedrückt hätte. Diese christliche Geste führte tatsächlich zu einer Versöhnung der Erzrivalen, die über den Mai 1967 hinaus Bestand hatte, als der zwischenzeitlich im Kanzleramt von Kurt Georg Kiesinger abgelöste Erhard als Parteioberster ganz von der politischen Bühne abtrat.

Der diplomatisch noch unerfahrene US-Präsident Bill Clinton wiederum wollte Helmut Kohl vermeintlich einen Gefallen tun, als er diesen erstmals in den Vereinigten Staaten empfing – und den deutschen Bundeskanzler anstatt ins Weiße Haus oder nach Camp David kurzerhand zum Oktoberfest in Milwaukee im Bundesstaat Wisconsin schleppte; einem Folklore-GAU auf dem Cathedral Square, dessen alljährlicher Höhepunkt ein Bratwurst-Wettessen ist. Zwischen bayerischer Blaskapelle, amerikanischen Schuhplattlern und multinationalen Trachtengruppen musste der irritierte Weinliebhaber Kohl dann die lokalen Biersorten »Leinenkugels« und »Gartenbrau« aus dem »Stein« (wie die Maß in den USA heißt) verkosten, bevor man sich endlich auf die politische Ebene begab. Dass es dabei beim Zuprosten den legendaren Dialog »To your Health« (Clinton) – »To your Dunkels« (Kohl) gegeben hat, ist aber dennoch wohl nur ein Gerücht, das später zum Kohl-Witze-Klassiker aufstieg.

Auch über den nordkoreanischen Präsidenten Kim Jong Un gibt es viele Witze und Wortspiele, allerdings soll es sich bei ihm sehr wohl um einen großen Bierliebhaber handeln – vor allem, wenn er in seinem abgeschotteten Militärstaat deutsche Erzeugnisse in die Finger bekommt. Schon öfter rankten sich

Gerüchte um die angeschlagene Gesundheit des augenschein-
lich übergewichtigen Staatschefs, der vorwiegend des vielen
Alkohols wegen an Gicht und Bluthochdruck leiden soll. Einmal tauchte Kim sogar mehrere Wochen ab und schwänzte
währenddessen gar eine Parlamentssitzung, weil er westlichen
Geheimdienstinformationen zufolge während eines privaten
Gelages zu viel Schweizer Käse und zu viel bayerisches Bier
konsumiert habe und aus diesem Grund gleich tagelang un-
pässlich gewesen sei. In und für Nordkorea jedoch gilt: Nix
Genaues weiß man nicht – sicher ist nur, dass der Nachwuchs-
diktator vor einiger Zeit hochoffiziell bei der Paulaner-Brauerei
anfragen ließ, ob diese in Pjöngjang nicht ein eigenes Brauhaus eröffnen wolle. Zu Kims Leidwesen lehnten die Münchner jedoch dankend ab.

Franz Josef Strauß wiederum hätte diesem Ansinnen sicherlich entsprochen. Sein Verhältnis zu Diktatoren aller Art galt
als ebenso entspannt wie sein Verhältnis zum Bier, das er seit
seiner Studentenzeit mehr als alle anderen alkoholischen Getränke schätzte: Er erhielt Mitte der dreißiger Jahre in der legendären Schwabinger Künstlerkneipe »Alter Simpl« sogar
ein lebenslanges Hausverbot, weil er aus Spargründen im
Lokal heimlich sein mitgebrachtes Bier trank – das Verbot soll
erst aufgehoben worden sein, als Strauß schon längst zum
Spitzenpolitiker aufgestiegen war. Der hochintelligente Metz-
gerssohn wusste eben schon früh, dass man die Menschen
an den Stammtischen und in den Bierzelten erreichen musste,
wollte man dauerhaft Erfolg haben, und deshalb setzte er sich
gerne und notfalls auch lange dazu. Von Zeitzeugen verbürgt
ist eine Anekdote, die sich während Strauß' Amtszeit als bayerischer Ministerpräsident auf dem Münchner Oktoberfest
zugetragen hat – und das wahrscheinlich nicht nur einmal.

Weil FJS »in betrunkenem Zustand immer noch eindrucksvoller war als zehn Nüchterne«, wie CSU-Politiker Peter Gauweiler einmal beeindruckt anmerkte, ließ er nach dem Genuss von fünf bis sechs Maß Bier und dem offiziellen Ausschank-Ende von seinem persönlichen Referenten das gesamte bayerische Kabinett anrufen, um im ansonsten leeren, staatseigenen Hofbräuzelt eine spontane Regierungssitzung abzuhalten. Die Kollegen wurden also aus den Betten geholt, rückten mitten in der Nacht im Zelt an – und hörten sich die bierseligen Ideen ihres Vorgesetzten an. Weitere vier bis fünf Liter später war die Sitzung im Morgengrauen beendet, und während die halbe Ministerriege am Vormittag im Landtag fehlte, saß Strauß pünktlich um halb neun in seinem MP-Büro wie eine Eins.

Doch bekanntlich endete leider auch Strauß' Lebensgeschichte wenig lustig. Weil der Mann zusätzlich zum Bier bei manchen Gelegenheiten auch noch Frankenwein wie Wasser in sich hineinschüttete, bis er rücklings von der Bierbank fiel und zur Not gar Whiskyflaschen in einem Zug leerte, brach er am 1. Oktober 1988 auf einer Jagdgesellschaft des Fürsten Thurn und Taxis zusammen und starb zwei Tage danach in einem Regensburger Krankenhaus, ohne das Bewusstsein wiedererlangt zu haben – er war vor dem verhangnisvollen Kollaps einmal mehr auf dem Oktoberfest gewesen. In der Traueransprache sagte Kardinal Joseph Ratzinger, der spätere Papst, über den Toten: »Wie eine Eiche ist er vor uns gestanden, kraftvoll, lebendig, unverwüstlich, so schien es. Und wie eine Eiche ist er gefällt worden.« Dem konnten nicht einmal die Kritiker von Franz Josef Strauß widersprechen.

Zumindest bewusstseinsmäßig fernab vom politischen Bayern, nämlich in der modernen Popkultur, führte Bier lange ein Schattendasein. Andy Warhol zeichnete lieber Dosensuppen als Dosenbiere – da half es nichts, dass der Bremer Braugigant Beck's Warhols Porträt Jahre nach dessen Tod zu Werbezwecken in den USA auf seine grünen Pilsflaschen druckte. James Bond trank sich in Romanen und Filmen zwar quer durch die Bar-Karten, Bier aber verschmähte der Doppelnullagent konsequent. Auch dass Michael Jackson als weltweit anerkannter Bierexperte zahlreiche Fachbücher schrieb, blieb ohne durchschlagende Wirkung – handelte es sich doch um den britischen Namensvetter des weitaus berühmteren »Billie Jean«-Sängers, von dem man wiederum weiß, dass ausgerechnet Orangensaft sein Lieblingsgetränk war.

Es gibt zwar durchaus einige Musiker, die das Bier thematisch in ihren Texten verewigten – Frank Zappa mit »Titties and Beer« oder Tom Waits mit »Warm Beer, cold Women«, um zwei Beispiele zu nennen. Aber abseits davon gab es nur noch den guten alten deutschen Schlager wie Paul Kuhns Gassenhauer »Es gibt kein Bier auf Hawaii« oder »Im Himmel gibt's kein Bier« von Ralph Maria Siegel – und das Altbierlied der Toten Hosen natürlich; ein wirklicher Welthit aber wie »Whiskey in the Jar« oder »Red red Wine« ist nicht darunter. Robbie Williams und Amy Winehouse bestanden aber protokollarisch wenigstens darauf, dass bei ihren Konzerten stets ein Kasten eiskaltes Bier backstage bereitstehen musste. Aber Ersterer ist seit der Geburt seiner Kinder inzwischen auf zimmerwarmes Evian-Wasser umgestiegen, und Letztere hat, wie wir wissen, vor ein paar Jahren leider die Bühne gewechselt.

Da tat es nur gut, dass am 19. April 1987 ein dicker gelber Glatzkopf die Weltbühne betrat, der aus seinem Hang zum Gerstensaft von Anfang an keinen Hehl machte – und der dem Bier schon mehrfach ein künstlerisches Denkmal setzte: Homer Jay Simpson! Zunächst noch als Einspieler in der amerikanischen »Tracey Ullman Show«, hatten er und seine Simpsons-Familie dann ab dem 17. Dezember 1989 ihre eigene Fernsehserie, in der Homer nach exakt neun Minuten und zehn Sekunden der allerersten Folge sein allererstes Bier trank, dem in den kommenden fast 30 Jahren noch viele weitere folgen sollten. Die bevorzugte, weil weitgehend einzige Marke »Duff« – was auf Deutsch ungefähr »nutzlos« oder »inkompetent« heißt und in Anmutung, Werbung sowie Markenauftritt eine Karikatur auf den amerikanischen Bierriesen Budweiser sein sollte – tauchte in einem Werbespot in Folge drei das erste Mal auf. Seitdem beherrscht »Duff« den Biermarkt in der Simpsons-Heimat Springfield, während im benachbarten Shelbyville vorwiegend »Fudd« aus den Hähnen fließt – bei dem der Konsument jedoch Gefahr läuft zu erblinden, wie man seit der Episode »Homer und gewisse Ängste« weiß.

Wie Simpsons-Erfinder Matt Groening einst auf die Bezeichnung »Duff« kam, darüber gibt es einige Legenden. So behauptete der frühere Bassist der Rockband Guns N' Roses, Michael »Duff« McKagan, das Bier sei ganz offensichtlich nach ihm benannt: Schließlich habe er sich in jungen Jahren aufgrund seines beeindruckenden Durstes den Spitzamen »King of Beers« erworben. Groening selbst ließ das unkommentiert, Simpsons-Regisseur David Silverman jedoch bestritt diese Version – und gab eine etwas weniger originelle Begründung für den einprägsamen Markennamen. Der in Dutzenden Simpsons-Folgen verwendete Slogan »You can't get enough of that wonderful Duff« hätte sich sonst schlichtweg nicht gereimt.

Wie auch immer die Benennung damals zustande kam, Marktforschungs-Studien zufolge gehört das fiktive Produkt »Duff« heute neben Beck's, Budweiser, Carlsberg, Guinness und Heineken zu den populärsten und somit wertvollsten Biermarken der Welt – mit einem internationalen Bekanntheitsgrad von bis zu 60 Prozent. Kein Wunder, dass zahlreiche Trittbrettbrauer versuchen, von diesem geradezu sensationellen Ruf zu profitieren, den man mit echter Werbung wahrscheinlich niemals bezahlen könnte: Obwohl es »Duff« als Lizenzprodukt gar nicht geben dürfte, existieren inzwischen rund um den Globus mehr als ein Dutzend »Duff«-Biere, die regelmäßig die Gerichte von Neuseeland bis zum deutschen BGH beschäftigen.

Doch das eingedoste Kultgetränk wurde auch schon zum handfesten Politikum. In Litauen musste der Verlag, der dort die Simpsons-Comicbände herausbrachte, wegen »Duff« eine Geldstrafe von umgerechnet 3000 Euro zahlen – schließlich darf in dem Baltenstaat generell keine Reklame für alkoholhaltige Produkte gemacht werden. Im Iran wurde die Serie im Februar 2012 aus diesem Grund gleich ganz verboten, und in Ecuador sowie in Venezuela wurde die Ausstrahlung aufgrund der dortigen Jugendschutzbestimmungen zumindest eingeschränkt. Und auch das australische Gesundheitsministerium untersagte es dem örtlichen Ableger der Handelskette Woolworth im Jahr 2014, ein selbstkreiertes »Duff«-Bier zu verkaufen – nicht aus Urheberrechtsgründen, sondern weil die Behörde fürchtete, durch die Verharmlosung des entsprechenden Bierkonsums in der Fernsehserie seien die »Simpsons« guckenden Jugendlichen in »Down Under« schwer suchtgefährdet.

In der Tat trinkt Familienoberhaupt Homer mehr, als ihm manchmal guttut. Hochrechnungen von amerikanischen Simpsons-Fans zufolge hat der im örtlichen Atomkraftwerk als Sicherheitsinspektor dilettierende Antiheld in den bisherigen knapp 600 Folgen weit mehr als 2000 Biere geschluckt, nicht wenige davon während der Arbeit. Die Dunkelziffer ist hierbei nicht mit eingerechnet, und auch die dürfte erheblich sein, wie etwa diese Aussage seines besten Freundes Barney Gumble anlässlich einer Pokerrunde in der Episode »Die Springfield Connection« vermuten lässt: »Homer, ich mache mir Sorgen um den Biernachschub. Nach diesem Kasten und dem anderen Kasten bleibt nur noch ein Kasten übrig.« Auch wenn seine Gesundheit erkennbar darunter litt – so musste er bislang mehrere Herzinfarkte samt einer dreifachen Bypass-Operation überstehen und besitzt eine statistische Lebenserwartung von nur 42 Jahren –, kann und will Homer Simpson einfach nicht vom »Duff« lassen. Womöglich schon der enormen Auswahl wegen, an der sich die meisten anderen realen Großbrauereien ein Beispiel nehmen könnten. Beim Ausflug in den brauereieigenen Vergnügungspark »Duff Gardens« (in der Folge »Selma will ein Baby«) tauchen immerhin 28 unterschiedliche Varianten auf, darunter die in den USA üblichen Sorten »Duff Dry«, »Duff Lite« oder »Duff Extra Cold«, aber auch selbst für Craft-Beer-Experimentalisten gewagte Geschmacksrichtungen wie »Raspberry Duff«, »Peanut Butter Lager« oder »Canadian Duff«, eine Version mit Codein.

Alle Simpsons-Fans hoffen jedenfalls, dass Homer allen ärztlichen Warnungen zum Trotz auch weiterhin ein bekennender Biertrinker bleibt. Alleine schon wegen unvergesslicher Zitate wie »Komm schon, Gehirn. Ich mag dich nicht, und du magst mich nicht. Aber da müssen wir jetzt leider durch.

Danach werde ich dich auch wieder kräftig mit Bier ersäufen.«
Und in Folge 401 (»Die unglaubliche Reise in einem verrückten Privatflugzeug«) schaffte es das Bier dank der Simpsons
dann doch noch in den Musik-Olymp – indem Homer den
Soulsänger Lionel Richie (der sich, wie in der Serie üblich,
selbst synchronisierte) aufforderte, seinen Oscar-prämierten
Welthit »Say you, say me« aus dem Jahr 1985 umzuformulie-
ren – in »Hey you, Beer me«. Mehr kann ein Mann für sein
Lieblingsgetränk nun wirklich nicht tun! Da bleibt uns am
Ende nur noch, einen respektvollen Toast auf Homer Simpson
auszusprechen – und mit ihm zu sagen: »Auf den Alkohol! Der
Ursprung und die Lösung sämtlicher Lebensprobleme!«

—— DAS BIER ——
UND SEINE SUPERLATIVE

Land der Brauereien, das tanken die Franken!

Dass ein solch einzigartiges Getränk wie Bier auch eine Reihe bemerkenswerter Bestleistungen hervorruft, versteht sich eigentlich von selbst. Vom stärksten Bier haben wir schon gehört; ebenfalls von denen, die behaupten, das weltweit älteste Bier zu brauen – und von den zahlreichen besten Sorten ihres Fachs. Auch die Franken im Allgemeinen und die Oberfranken im Besonderen sind in diesem Buch schon mehrfach aufgrund ihrer Verdienste für das Brauwesen zu Ehren gekommen – und das nicht nur aufgrund der Herkunft des Autors. Vor allem aber können sie mit einem wunderbaren Weltrekord angeben, für den sie von Abermillionen Biertrinkern von anderswo beneidet werden: Nirgendwo sonst zwischen Nord- und Südpol, Amerika und Asien oder Himmel und Erde gibt es so viele Brauereien auf einem Haufen wie in Oberfranken.

Vollkommen zu Recht bewirbt sich die eher ländlich geprägte Region mit ihren größten Städten Bamberg, Bayreuth, Coburg, Forchheim und Hof selbstbewusst und mit einem eingetragenen Markenzeichen als »Genussregion – Land der Brauereien«: In dem nach Einwohnern kleinsten bayerischen Regierungsbezirk zwischen Tschechien im Osten, Sachsen im Norden und dem Rest Frankens an den anderen Seiten stellen heute noch nach Zählung des Verbandes der Privatbrauereien 202 eigenständige Braubetriebe mehr als 1000 unterschiedliche Biere her. Im Klartext bedeutet das, dass man beinahe drei Jahre lang jeden Tag ein anderes Bier trinken könnte, bis man alle einmal durchprobiert hat, und Gerüchten zufolge gibt es nur eine Handvoll tapferer Zecher, die dies von sich behaupten können. Selbst professionelle Biertester wie Michael König, der unter der Adresse www.neubierig.de eine eigene Website betreibt, kommen hier an ihre Grenzen und müssen angesichts der unfassbaren Vielfalt und ständig neuer Sorten einräumen, biermäßig nicht hinterherzukommen. Herrschaftssitz des schaumigen Königreiches ist dabei das bereits erwähnte Bamberg mit allein noch elf aktiven Braustätten im Stadtgebiet – und sagenhaften 59 im dazugehörigen Landkreis. Ganz Oberfranken besitzt somit doppelt so viele Brauereien wie alle anderen Regionen Bayerns, mehr Brauereien als jedes deutsche Bundesland und auch noch mehr als jeder Staat Europas.

Nur die USA (1383), China (420) und Russland (404) haben in absoluten Zahlen mehr Braubetriebe, aber dort leben ja auch nachweislich deutlich mehr Leute: Kommt in Oberfranken eine Brauerei rein rechnerisch auf gerade einmal 5500 Bewohner, sind es in Oberbayern schon 45 000 und selbst im Bierland Belgien sogar 90 000 Menschen, die sich eine der etwas über 90 beziehungsweise 113 Brauereien teilen müssen. Von Griechenland (1,3 Millionen Einwohner pro Brauerei) und Italien (3,6 Millionen) gar nicht zu reden, und der Wein ist hier nur eine schwache Ausrede, denn den gab und gibt es in Franken selbstverständlich auch noch.

Warum aber gerade hier das Bier einen so hohen Stellenwert besitzt, darüber kann nur gemutmaßt werden. Wahrscheinlich ist einer der Hauptgründe, dass die Bodenbeschaffenheit und die ganz besonderen klimatischen Verhältnisse, die hier stets zwischen kontinental und atlantisch schwanken, die Rohstoffe direkt vor der Haustüre bestens gedeihen lassen: So ist Oberfranken seit jeher eines der größten europäischen Anbaugebiete für Gerste, was folgerichtig im Laufe der Jahrhunderte auch zur Gründung zahlreicher kleinerer und größerer Mälzereien führen musste.

Selbst in jenen tristen Zeiten, in denen der Wein das Bier imagemäßig ein bisschen abhängte – es war um das Jahr 1560 herum aufgrund der sogenannten kleinen Eiszeit, die den Weinanbau in Europa erschwerte und plötzlich zu einem teuren und somit elitären Getränk machte, was er bis dahin gar nicht war –, blieben die Oberfranken ihrem nicht mehr ganz so schicklichen, dafür aber preiswerten Bier treu und prügelten sich, wenn es denn sein musste, darum bis aufs Blut: 1681 etwa raubten die Weismainer gewaltsam die Braupfanne aus einem benachbarten Dorf, weil ihre eigenen Utensilien zerstört worden waren. Und 18 Jahre später taten dies die Bewohner von Hollfeld im Örtchen nebenan. So mancher Schlossherr, Landsknecht oder auch nur einfacher Bürger, der sich an diesen Übergriffen beteiligte oder die Braupfanne gegen die Häscher verteidigen wollte, kam dabei ums Leben – aber etwas Schwund gab's früher ja immer; vor allem, wenn's ums Bier ging.

Erst ab dem beginnenden 20. Jahrhundert ging es mit der oberfränkischen Brautradition bergab. Der Prophet, sprich der Brauer, galt im eigenen Lande nichts mehr – die moderne Kühltechnik führte auch in dieser Enklave der trunkenen Glückseligkeit dazu, dass die Menschen mehr und mehr Flaschenbiere von außerhalb Frankens verlangten; Weizenbiere aus Nürnberg oder München oder herbere Biersorten aus Nord- und Westdeutschland. Landbiere aus Mini-Sudstätten galten plötzlich als unrein und altbacken, und dank des immer massiveren Werbedrucks der überregionalen Großbetriebe war man einfach neugierig auf jene Marken, die den Geschmack der großen, weiten Welt versprachen – obwohl man das womöglich beste Bier der Welt tatsächlich vor der Haustüre vorgefunden hätte. Die Folge war ein Brauereisterben geradezu biblischen Ausmaßes, das Ende des 20. Jahrhunderts seinen Höhe- beziehungsweise Tiefpunkt hatte und dem Dutzende Klein- und Kleinstbetriebe zum Opfer fielen. Alleine in und um Bamberg machten in dieser dunklen Zeit über 30 Brauereien dicht; insgesamt waren es in Franken rund 100 seit 1995.

Inzwischen jedoch ist diese Entwicklung glücklicherweise gestoppt – 20 Neugründungen verzeichnen die Statistiker seit Anfang des neuen Jahrtausends, und gerade jüngere Menschen wenden sich verstärkt den regionalen Spezialitäten zu oder gründen gleich selbst Manufakturen für Spezialbiere und ausgefallene Sorten. Als Beispiele mögen die – wenn auch mittelfränkischen – »Red Castle Brew« und »Schanzenbräu« gelten, die das längst vergessene Rotbier ausgerechnet an seinem Ursprungsort Nürnberg wiederbelebt und ihm zu neuem Ruhm verholfen haben – in einer einstmals stolzen Bierstadt, in der von 77 Sudstätten vor 450 Jahren (35 für untergäriges Rot- und 42 für obergäriges Weißbier) bis 1900 noch neun und später gerade einmal eine einzige Brauerei überlebt hatte!

Heute ist diese karge Zeit Gambrinus sei Dank überwunden, und landlauf, landab feiern selbst längst vergessene Marken wie »Grüner« in Fürth oder »Zeltner« in Nürnberg ebenso ihr Comeback wie verwaiste Familienbetriebe. Zahlreiche Gaststätten in der ganzen Region unterbieten sich mit deutschlandweit einmaligen Literpreisen von unter vier Euro – und überbieten sich mit der Zahl der im Ausschank befindlichen Biere. Überzeugten Abstinenzlern ist eine Reise nach Franken gegenwärtig also eher abzuraten; alle anderen jedoch sollten hier einmal vorbeischauen. Man muss ja nicht nur zum Trinken kommen. Es gibt alleine in Oberfranken über 50 sogenannte Bierwanderungen, auf deren Route die ein oder andere Versuchung auf die Spaziergänger wartet.

»In München steht ein Hofbräuhaus ...«

Eine Wanderung muss man nicht gerade unternehmen, will man die bekannteste Biergaststätte des gesamten Erdballs besuchen. Das Münchner Hofbräuhaus liegt nur etwa fünf nüchterne Gehminuten von der U-Bahn-Station Marienplatz entfernt. Und selbst, wer den Weg von der Haltestelle bis zur Bierhalle nicht kennt, der kann den Zapftempel eigentlich kaum verfehlen: Entweder man folgt dem nächsten Japaner mit Filzhut – oder man orientiert sich an den Horden selig lächelnder Besucher, die einem gemächlich entgegenwanken. Bis zu sagenhafte 35 000 Gäste am Tag, das sind rund 2500 pro geöffneter Stunde und deutlich mehr, als etwa ins Mainzer, Augsburger, Leverkusener oder Wolfsburger Fußballstadion passen, besiedeln ab 9.30 Uhr früh die riesige Schwemme, den opulenten Festsaal, das urige Bräustüberl und den Biergarten im Innenhof.

Dabei war das Hofbräuhaus gar nicht als Gaststätte für jedermann gedacht. Ganz im Gegenteil. 1591 wurde der von Herzog Wilhelm V. zwei Jahre zuvor in Auftrag gegebene Bau an anderer Stelle fertig – als reine Versorgungseinrichtung für die durstigen Wittelsbacher und ihre Entourage, weil man sich die Kosten für das teure Importbier aus Einbeck und anderswo sparen wollte. Zunächst wurde am Ursprungsort lediglich Braunbier für den Hof abgefüllt. Maximilian I., der nach der Abdankung seines Vaters ab 1597 amtierte, hatte jedoch einen ganz anderen Geschmack als der Herr Papa. Er verbannte das Braunbier wieder und errichtete ein größeres Weißbier-Brauhaus dort, wo das Hofbräuhaus auch heute noch steht. Und er ließ ausschließlich die von ihm bevorzugte obergärige Spezialität herstellen, was er ganz nebenbei kraft Amtes allen anderen privaten Brauereien verbot. Mit der Folge, dass nicht nur das Bier, sondern auch die Einnahmen des Hofbräu sprudelten, denn Maximilian begriff sehr schnell, dass man mit gutem Bier gutes Geld verdienen konnte – vor allem, wenn man keine Konkurrenz fürchten musste.

Diese für einen Staat sehr pfiffige Idee, sich am Durst der eigenen Untertanen zu bereichern, verfängt bis heute. Mit fast 50 Millionen Euro Umsatz und einem Gewinn in zweistelliger Millionenhöhe ist die Brauerei samt ihrer Riesengaststätte eine der profitabelsten Beteiligungen des Freistaats Bayern – drei Prozent Umsatzdividende muss das Unternehmen jährlich an das Finanzministerium abgeben. Nicht einmal Edmund Stoiber wagte sich in seiner Privatisierungsoffensive der späten neunziger Jahre an den Hofbräu heran. Warum auch: Schon in den Jahren zuvor erkannte man in der Staatskanzlei, dass die Marke weltweite Strahlkraft entwickeln kann – und dass viele Menschen von Asien bis Amerika offenbar gerne bereit sind, viel Geld für einen Liter echtes Hofbräu-Bier zu berappen. Also gründete man von München aus zahlreiche Dependancen, die im Franchise-System betrieben werden. Die Auflagen dafür sind denkbar streng: Speisekarte, Einrichtung und sogar die Musik werden aus Bayern kompromisslos vorgegeben. Die jeweiligen Betreiber müssen mit ihren Metzgern und Köchen jedes Jahr für einige Tage ins weiß-blaue Trainingslager, und wer Currywurst, Sushi oder Burger zum Hofbräu-Bier anbietet, der fliegt raus. Nur die Preise überlässt die Zentrale in München den Gegebenheiten vor Ort. Während jede der zwei Millionen jährlich ausgeschenkten Maßen im Stammhaus am Platzl derzeit acht Euro kostet, muss man in den teilweise baugleichen Ablegern von Chicago, Las Vegas, Tokio, Seoul, Shanghai oder Dubai bis zu 18 Euro für einen Liter Hofbräu Hell berappen. Da will jeder Schluck genau überlegt sein.

Dass im Hofbräuhaus am 24. Februar 1920 die NSDAP gegründet wurde, wissen jedoch vermutlich die wenigsten Besucher – es war damals das einzige Münchner Lokal, das so viele Parteigenossen in einem Raum beherbergen konnte. Dennoch ist es heute trotz seiner 3500 meist vollbelegten Plätze nicht das größte Wirtshaus der Welt: Ab 1957 galt zunächst die nur wenige hundert Meter weiter nördlich gelegene, neuerbaute und berühmt-berüchtigte »Mathäser Bierstadt« zum Leidwesen der HB-Verantwortlichen als diesbezüglicher Rekordhalter. In 16 verschiedenen Lokalitäten, darunter ein gigantischer Weißbierkeller, diverse Stüberl, ein Biergarten und zwei Festsäle, hatten knapp 5500 Gäste Platz. Sie verspeisten zu Spitzenzeiten wöchentlich 46 000 Paar Würstel aus den fünf hauseigenen Metzgereien und tranken dazu 52 000 Liter Bier. 1996 versiegten allerdings die Zapfhähne der Konkurrenz. Die »Bierstadt« musste einem weitaus trockeneren Multiplex-Kino weichen – und am Platzl hielt man wieder die Bestmarke.

Trotzdem ist dem guten alten und vielbesungenen Hofbräuhaus anscheinend kein neuer Rekord mehr vergönnt. Der Titel »größtes bayerisches Wirtshaus« geht seit dem Jahr 2015 nämlich auch nicht mehr ins bayerische Epizentrum, sondern ausgerechnet nach Berlin. Dort, nahe dem Alexanderplatz, eröffnete auf mehr als fußballfeldgroßen 6000 Quadratmetern ebenfalls eine Gaststätte, die sich Hofbräuhaus nennt – die aber mit dem jahrhundertealten Original nur das Bier gemein hat und demnach auch nicht als offizielle Dependance des lukrativen Staatsbetriebes gilt. Dass diese mächtigste aller Pilgerstätten der urbayerischen Bierkultur nun ausgerechnet in der verhassten Saupreußenhauptstadt steht, lässt sich für die Teilnehmer der gegenwärtig 120 regelmäßigen Stammtischrunden – darunter Königstreue, Taxifahrer, Straßenbahner, Rentner oder Jäger, die im Erdgeschoss des echten Hofbräuhauses ihren festen Platz und sogar einen in einem eigenen Schließfach deponierten Krug besitzen – wohl nur mit einem kräftigen Schluck aus einer frischen Maß hinunterspülen. Oans, zwoa, gsuffa!

Coney Island Brewing Company – die bisher kleinste Brauerei der Welt

2011 eröffnete in einem gerade einmal 16,2 Quadratmeter winzigen Laden an der gleichnamigen weltberühmten Strandpromenade ein ziemlich bunter und ziemlich improvisierter Verkaufsstand, in dem einige junge Bierenthusiasten mittels eines Bunsenbrenners und eines Campingkochers exakt 3,8 Liter Bier pro Brauvorgang erzeugten: Die Coney Island Brewing Company. Eine größere Menge gaben die beengten Räumlichkeiten einfach nicht her, aber dafür profitierten die Jungs um Inhaber Jeremy Cowan von einer großzügigen Geste ihres Vermieters Dick Zigun, der ihnen die Nutzung des zuvor leerstehenden Bretterverschlages neben seinem Kuriositätenkabinett »Sideshow by the Seashore« kostenlos ermöglichte.

Cowan hatte schon seit Mitte der neunziger Jahre mit Brau-Erzeugnissen experimentiert – und anlässlich des jüdischen Lichterfestes im Jahr 1996 ein Bier auf der Basis von Granatapfelsaft gebraut, das er unter dem griffigen Namen »He'Brew«, einem Wortspiel aus »hebräisch« und »brauen«, auf den Markt brachte und mit dem unbescheidenen Zusatz »Das auserwählte Bier« versah. Das »He'Brew« wurde bei den zahlreichen in Brooklyn lebenden Juden derart erfolgreich, dass daraus die »Shmaltz Brewing Company« entstand, eine Kleinbrauerei, die in den folgenden Jahren immer mehr ausgefallene saisonale Biere wie »Jewbelation«, »Rejewvenator«, »Messiah Nut Brown Ale« oder »Genesis Dry Hopped Session Ale« auf den lokalen Markt brachte. Ausgeliefert wurde mit Omas Volvo, und die Sorten mit den lustigen Bezeichnungen erlangten schnell Kultstatus über die jüdischen Viertel Brooklyns hinaus.

Doch trotz seines Erfolges mit der »Shmaltz Brewing Company« träumte der brauende Spaßvogel davon, ein eigenes Geschäft samt Mikrobrauerei an der dahinsiechenden Amüsiermeile zu betreiben, die ihn schon als Kind fasziniert hatte. Immerhin galt Coney Island zu seinen Glanzzeiten mit bis zu einer Million Besuchern täglich als amerikanisches Ausflugsziel Nummer eins mit all seinen Fahrgeschäften, gastronomischen Betrieben sowie der legendären Holzachterbahn »Cyclone«. Und der bayerische Bierausschank im »Surf House«, den es dort seit 1865 gab, zählte zu den kommerziell erfolgreichsten Lokalen in ganz New York City. Nach dem Zweiten Weltkrieg aber ging es mit der Kanincheninsel steil bergab. Die Kriminalität stieg, die alten Fahrgeschäfte und Strandbuden verfielen oder mussten dem sozialen Wohnungsbau weichen. Kaum ein Besucher verirrte sich noch hierher und besuchte das öffentliche Aquarium oder das heruntergekommene Astroland, und bayerisches Bier floss ebenfalls keins mehr.

Seit dem Anfang des neuen Jahrtausends jedoch bemühten sich die New Yorker Behörden, der zwischenzeitlichen Geister-stadt neues Leben einzuhauchen. Pläne für einen Vergnügungs-park Disneyland'schen Ausmaßes zerschlugen sich zwar wie-der. Dennoch entdeckten viele Einheimische und Touristen aus aller Welt das traditionelle Freizeitziel nach und nach neu. Im Zuge der öffentlichen Sanierung und dank des selbstlosen Freakshow-Betreibers Zigun gelang es Jeremy Cowan endlich, einen eigenen Laden zu ergattern. In dem durfte er nicht nur seine Shmaltz-Biere verkaufen, sondern auch noch ganz legal brauen – ebenjene 3,8 Liter, für die er und seine Kumpels wie bei jedem Brauvorgang üblich mehrere Stunden brauchten und die sie erst noch einige Zeit einlagern mussten, bevor sie über den Tresen wandern konnten. Diese drollige Menge brachte ihm und seinen Freunden nach einiger Zeit den offizi-ellen Guinness-Rekord als »kleinste kommerzielle Brauerei der Welt« ein, den sie von der walisischen »Bragdy Gwynant«-Brauerei übernahmen, die mit ihren knapp 41 Litern Ausstoß dagegen schon beinahe wie ein Industrieunternehmen wirkte.

Schnell wurden die regionalen Medien auf das streng ra-tionalisierte Bier von Coney Island aufmerksam, und obwohl Cowan und Kollegen die Schlagzahl erhöhten und beinahe rund um die Uhr brauten, konnten sie die entstandene Nach-frage natürlich nicht ansatzweise befriedigen. Der Hype um die Mini-Mikro-Brauerei war gigantisch geworden, und man-che Kunden stellten sich schon vor den offiziellen Öffnungs-zeiten stundenlang an, nur um ein frisch gezapftes Pint oder eine Flasche »Coney Island Lager« zu ergattern. Dann aber brach in der Nacht vom 29. auf den 30. Oktober 2012 Hurrikan »Sandy« über die amerikanische Ostküste herein – und zerstörte auch die in den Vorjahren eben erst mühsam wieder aufgebaute Strandpromenade auf Coney Island samt der »Coney Island Brewing Company«, die sich eineinhalb verrückte Jahre lang äußerst tapfer als David unter all den Brau-Goliaths behaupten konnte. Als Cowan und die anderen Ladenbesitzer ihre Räumlichkeiten in Augenschein nahmen, nachdem sich »Sandy« einen Tag später wieder verzogen hatte, standen sie vor einem einzigen großen Trümmerhaufen.

Nach dieser Katastrophe und entnervt nach diversen Rechtsstreitigkeiten mit der Versicherung sah Jeremy Cowan im Sommer 2013 keinen anderen Ausweg mehr – und verkaufte den Namen seines vom Sturm zerstobenen Lebenstraumes an Samuel Adams. Der umtriebige Craft-Bier-Riese aus Boston erkannte schnell das Potential, das in der Marke steckte. An der Aufrechterhaltung der alten 16-Quadratmeter-Braustätte jedoch hatten die Manager aus Massachusetts keinerlei Interesse – im Gegenteil. Stattdessen ließ Samuel Adams ein paar hundert Meter weiter für mehrere Millionen Dollar eine große und moderne Schaubrauerei errichten, die im Sommer 2015 eröffnete und die mit acht neuen Sorten wie dem »Mermaid Pilsner« oder dem »Freaktoberfest«-Festbier eine der neuen Attraktionen auf Coney Island werden soll. Vom ursprünglichen Charme der »Coney Island Brewing Company« ist außer dem Namen nichts übriggeblieben – und der Weltrekord als kleinste Brauerei selbstverständlich auch nicht.

Derzeit ist der Titel vakant. Es gibt zwar einige Minibrauereien, die ihre geringe Größe als PR-Gag sehen – so wirbt die »Schlossplatzbrauerei Köpenick« mit der Bezeichnung »kleinste Brauerei Deutschlands«. Dieser Zusatz allerdings dürfte sich eher auf die Grundfläche beziehen und weniger auf die Absatzmenge: Immerhin stellen die Köpenicker in ihrem gemütlichen Brauhaus mitten auf dem namensgebenden Schlossplatz zusätzlich zu ihren beiden Standardsorten Hell und Dunkel gleichzeitig bis zu vier verschiedene Spezialbiere her, darunter das »Moll« nach einem Originalrezept des Kurfürsten von Brandenburg aus dem Jahr 1752. Für einen Eintrag in den Geschichtsbüchern ist das jedoch ganz sicher zu viel.

Wer sich also in dieser Angelegenheit für das nächste Guinness-Buch empfehlen möchte, der braucht nur so regelmäßig wie irgendwie möglich in seiner Garage, dem Geräteschuppen oder einem Bretterverschlag an einer Strandpromenade rund vier Liter Bier herzustellen und zu verkaufen. Und zu hoffen, dass kein Sturm aufzieht …

Das Guinness-Buch – erst Fehlschuss, dann Volltreffer

Wenn wir schon beim legendären Guinness-Buch der Rekorde sind, dann drängt sich auch die Frage auf, wieso ausgerechnet eine Brauerei ein solch kurioses Nachschlagewerk auf den Markt brachte. Man sollte doch meinen, dass das berühmte irische Unternehmen, zu dem – beziehungsweise dessen Stammsitz – wir später noch näher kommen werden, mit der Produktion seiner rund 19 Millionen Hektoliter pro Jahr in seinen weltweit 35 Braustätten genug zu tun hat. Immerhin ist jedes 100. Bier, das tagtäglich auf der Erde getrunken wird, ein Guinness.

Diese beachtliche Zahl konnte jedoch auch deshalb erreicht werden, weil die tüchtigen Dubliner Manager schnell erkannten, dass originelle Werbung durchaus ein wesentlicher Faktor für den Erfolg einer Marke ist. Und so setzte man am St. James's Gate schon zu Beginn des 20. Jahrhunderts auf einprägsame Kampagnen, die vor allem dank eines stets durstigen Tukans und genialer Botschaften wie dem wunderschönen homöopathischen, gleichfalls schulmedizinisch leider nicht belegten Ratschlag »A Guinness a Day keeps the Doctor away« Weltruhm erlangten. Nichts aber hat das Image von Guinness außerhalb Irlands so sehr geprägt wie das »Buch der Rekorde«, das eigentlich auf ein paar peinlichen Fehlschüssen basierte.

Der damalige Guinness-Direktor Hugh Beaver hatte nämlich vergeblich versucht, bei einem Jagdausflug mit Freunden, Kollegen und Geschäftspartnern einen Goldregenpfeifer zu erlegen. Der 30 Zentimeter kleine und 150 Gramm leichte Vogel, der gerne auch in Irlands Mooren heimisch ist, war dem ehrgeizigen Brauereichef zur Erheiterung der anderen Jagdteilnehmer immer wieder entwischt. Diese Schmach wollte Beaver nicht auf sich sitzenlassen. Beim geselligen Beisammensein am selben Abend im örtlichen Pub rechtfertigte er sich damit, er habe nur deshalb permanent vorbeigeschossen, weil der Goldregenpfeifer nun einmal der schnellste Vogel der Welt sei. Diese kühne These wiederum wollten ihm seine Freunde nicht recht glauben. Weil es aber im Jahr 1951 noch kein Internet gab und in der Kneipe auch kein ornithologisches Nachschlagewerk verfügbar war, ging die Runde nach ein paar Gläsern Guinness auseinander, ohne die Behauptung verifizieren zu können.

Am folgenden Tag war der Disput wieder vergessen. Dafür hatte Hugh Beaver eine andere Idee: Ein Buch mit derartigen Höchstleistungen wäre doch ein ideales Werbegeschenk für seine Brauerei – schließlich entstanden seiner Beobachtung nach die meisten solcher Zwistigkeiten nirgendwo anders als am Biertisch. Er beauftragte eine Handvoll kundiger Mitarbeiter, Historiker und andere Forscher, so viele rekordverdächtige

Fakten zusammenzutragen wie möglich. Das Projekt zog sich aufgrund der aufwendigen Recherche ein wenig in die Länge, doch an Weihnachten 1954 war das Werk fertig und wurde umgehend an die 1000 besten Kunden von Guinness verschenkt. Die Resonanz war überwältigend. Tausende Wirte und ihre Gäste fragten an, ob sie ebenfalls ein Exemplar des lustigen Lexikons erwerben könnten. Und so landete die erste käufliche Version des »Guinness Book of Records« am 27. August 1955 zunächst in Irlands Buchhandlungen und später auf den Bestsellerlisten der ganzen Welt.

Natürlich war es nur eine Frage der Zeit, bis auch das Bier selbst im Guinness-Buch Einzug hielt. Zwar weigerte man sich nach den ersten Jahrgängen und der harschen Kritik von Suchtmedizinern, weiterhin alkoholische Trinkrekorde aufzunehmen – weshalb auch Steven Petrosino keine Erwähnung mehr fand, nachdem er am 22. Juni 1977 einen Liter Bier in unglaublichen 1,3 Sekunden bis auf den letzten Tropfen trank. Dafür ist im Buch beispielweise der mit 123,7 Metern längste Tresen der Welt aus dem »Beer Barrel Saloon« im US-Bundesstaat Ohio zu finden. Oder das sagenumwobene »Delirium Museum« in Brüssel, auf dessen Getränkekarte 2004 Biersorten zu finden sind. Der Finne Juha Rasanen schaffte es, ein 12,3 Kilo schweres Bierfass 7,10 Meter hoch zu werfen, und der Westfale Achim Gratias, 1437 Gläser in einer Stunde zu zapfen. Oliver Strümpfel, seines Zeichens Kellner auf dem Gillamoos-Volksfest in Straubing, trug 27 volle Maßkrüge über eine Strecke von 40 Metern, und mehr als doppelt so weit – nämlich 82,3 Meter – warf der Weißrusse Helmut Maskrokrowitsch eine Bierflasche per Hand. Ron Werner aus dem kalifornischen Lynwood sammelte bis jetzt 25 866 unterschiedliche Bierflaschen; der Engländer John Evans balancierte 253 Pints

mit dem Kopf, und der Deutsche Sven Goebel baute aus annähernd 300 000 Bieruntersetzern gleich einen ganzen Bungalow.

Menschen aus aller Welt überboten sich darin, mit eigen-
artigen Bestleistungen im Guinness-Buch verewigt zu werden.
Heute gibt es entsprechende Büros nicht nur in Dublin, sondern auch in New York, Tokio, Sydney, Peking, Mumbai,
Panama, Paris und Hamburg sowie zahlreiche TV-Shows in
aller Herren Länder. Eine bessere Werbung hätte sich Hugh
Beaver demnach nicht einfallen lassen können: Das Guinness-
Buch gilt mit seinen bislang 150 Millionen verkauften Exem-
plaren heute weltweit als meistverkauftes Werk nach der Bibel
und dem Koran, und ein Ende ist auch in Zeiten des Internets
nicht in Sicht. Nur in einem Punkt hatte der weitsichtige Bier-
mogul und Rekordjäger an jenem denkwürdigen Abend nach
dem Jagdausflug nicht recht: Der schnellste Vogel der Welt ist
mitnichten der Goldregenpfeifer, sondern der Stachelschwanz-
segler.

Champion of the World

Mit einem Rekordhalter müssen wir uns allerdings noch etwas
näher beschäftigen. Der Mann heißt Peter Dowdeswell und
ist, na klar: Brite, was ihn bereits an sich dafür qualifiziert,
große Mengen Bier in kurzer Zeit in sich hineinzuschütten.
Diese eher seltsame Vorliebe ist indes nicht nur ein Klischee,
das man in englischen Urlaubshochburgen wie Magaluf, Playa
del Inglés oder Puerto Rico beobachten kann, sondern sie ist
sogar durch eine offizielle staatliche Untersuchung belegt, die
der damalige Premierminister Gordon Brown im Jahr 2008
anstellen ließ. Der wollte nämlich aufgrund einer seinerzeit
schwelenden Debatte über einen möglichen gemeinsamen

Nationalfeiertag wissen, was Engländer, Nordiren, Schotten und Waliser am stärksten miteinander verbindet. Das Ergebnis der Studie überraschte niemanden wirklich: Weder die stoische Königstreue noch der tägliche Afternoon Tea, die geliebten Fish and Chips oder der berüchtigte schwarze Humor bildeten nach der Mehrheitsmeinung seiner Expertenkommission die Klammer des Vereinigten Königreiches, sondern einzig und allein: die Liebe zum Alkohol. Sollte es also jemals einen zentralen Feiertag für alle Briten zwischen Portsmouth im Süden, Aberdeen im Norden, Belfast im Westen und Newcastle im Osten geben, dann müsste man sich an diesem Tag nur ordentlich besaufen. Noch aber ist dieses Vorhaben politisch nicht umgesetzt.

Vor allem am Wochenende werden die Innenstädte der großen Metropolen zum Kriegsgebiet aller Kampftrinker. Der Grund für dieses weitverbreitete »Binge Drinking«, das mit all seinen Polizei- und Rettungseinsätzen, Schäden durch Vandalismus und medizinischen Langzeitfolgen den Staat jährlich knapp 30 Milliarden Euro kostet, liegt wie so vieles auf der Insel in der Tradition begründet: Seit dem Jahr 1915 mussten alle Pubs zwingend um 23 Uhr schließen. Die Regelung war während des Ersten Weltkrieges eingeführt worden, weil die Regierung befürchtete, dass sich die Rüstungsarbeiter so stark betranken, dass sie am nächsten Tag ihren Job nicht ordentlich ausüben konnten – was freilich die nationale Sicherheit massiv bedroht hätte. Und so rief exakt eine Viertelstunde vor elf jeder Wirt den gefürchteten Satz »Last Order, please« in seine Kneipe hinein, was nicht selten regelrechte Panikbestellungen am Tresen nach sich zog. Die zwei, drei oder vier Bier, die man dann ohne weiteres noch ausgehändigt bekam, mussten aber bis zum Ende der »Drinking Up Time«, einer Art Kipp-Karenzzeit von 20 Minuten, ausgetrunken sein. Also übten sich mehrere Generationen beinahe das gesamte 20. Jahrhundert hindurch im Hochgeschwindigkeitsschlucken – und torkelten dann pünktlich um 23.20 Uhr auf die Straße hinaus.

Browns Vorgänger Tony Blair wollte diesem unschönen Phänomen ein Ende bereiten und ließ die Sperrstunde knapp 90 Jahre nach ihrer Einführung nach langen Diskussionen drastisch lockern. Als die für England erstaunlich liberale Regelung 2005 endlich in Kraft trat, hatte jedoch zur Verwunderung Blairs und seines Gesundheitsministers John Reid nur jeder 60. Pub eine vollständige Auflösung der Sperrzeit beantragt. Die meisten behielten die bisherige Praxis bei, und einige tausend ließen ihren Laden allenfalls am Wochenende ein, zwei Stunden länger auf. Die Gäste wollten es einfach nicht anders. Egal, wie lange die Lokale auch offen hatten, bestellten viele Anwesende weit vor Mitternacht enorme Mengen Bier, die sie wie gewohnt so schnell wie möglich austranken. Für noch mehr Alkohol wäre nun zwar noch eine Menge Zeit gewesen, aber schlichtweg kein Platz mehr in den Mägen der Zecher!

So wurde auch Peter Dowdeswell sozialisiert, als er Ende der fünfziger Jahre seine ersten Erfahrungen in den zahllosen Pubs seiner Heimatstadt London machte. Doch sosehr er sich auch anstrengte, wenn er zusammen mit seinen Freunden unterwegs war – er wurde einfach nicht betrunken. Nachdem er mehrere Jahre lang von Arzt zu Arzt gerannt war, erkannte ein Spezialist schließlich die Ursache der Zwangsnüchternheit: Dowdeswell litt an einer seltenen Enzymstörung sowie vergrößerten Nieren, was in Kombination dazu führte, dass der Alkohol von seinem Körper nicht langsam abgebaut, sondern einfach ausgeschieden wurde. Das verhinderte zwar, dass er spätabends über die immer plumper werdenden Witze seiner besoffenen Kumpels lachen konnte. Aber es brachte ihn auf eine Idee: Er konnte mit dieser Fähigkeit jede Menge Wetten gewinnen.

Nach und nach perfektionierte der trinkfeste Londoner seine natürliche Begabung und fügte im Laufe der Zeit immer mehr Rekorde auch bei anderen, nun ja, Sportarten hinzu. So stellte er in den vergangenen vier Jahrzehnten über 300 Bestleistungen auf: Er kippte einen Liter Champagner in drei Sekunden, verputzte ein Pfund Aal in 13 Sekunden, verschlang 22 Hotdogs in einer Minute und 148 Pflaumen in derselben Zeit. Am unglaublichsten jedoch dürfte sein sagenumwobenes Kunststück bleiben, 34 Liter Bier innerhalb einer Stunde getrunken zu haben – obwohl diese Menge Flüssigkeit aus medizinischer Sicht mit Sicherheit zum Tod hätte führen müssen. Aber Dowdeswell überlebte diesen Contest ebenso wie viele andere, auf denen er sich und seinen Magen für einen guten Zweck strapazierte. Wann immer er auftrat, tat er dies, um Spendengelder vorwiegend für notleidende Kinder einzusammeln. Über fünf Millionen Euro kamen so seit den sechziger Jahren zusammen, was den schrulligen Engländer dann doch wieder außerordentlich sympathisch macht.

Und Peter Dowdeswell würde wohl noch heute, im fortgeschrittenen Rentenalter, den ein oder anderen wundersamen Wettkampf bestreiten, wenn nicht ein ärgerlicher Unfall seine beispiellose Karriere abrupt beendet hätte. Gerade, als er für eine TV-Sendung der BBC eine neue Bestzeit im Kopfübertrinken eines Pint-Biers aufstellen wollte, ließen ihn ausgerechnet die beiden Helfer fallen, die ihn bei dem Versuch an den Beinen festhalten sollten. Seitdem leidet er an schlimmen Rücken- und Schulterschmerzen, die eine Fortsetzung körperlicher Aktivitäten unmöglich machen. Wir wünschen ihm an dieser Stelle gute Besserung – und gratulieren trotzdem: Den Kopfüber-Rekord von nicht ganz drei Sekunden hat er selbstverständlich unmittelbar vor dem Missgeschick noch geknackt.

O'zapft is! – das Oktoberfest

Ob Peter Dowdeswell jemals auf dem Münchner Oktoberfest gewesen ist, darf man angesichts seines unstillbaren Durstes und der dortigen Bierpreise getrost bezweifeln. Dennoch ist das größte Volksfest der Welt – ob man es nun mag oder nicht – ein einziger Superlativ. Dabei begann das heute bisweilen aberwitzige Kollektivbesäufnis, das seit 1872 stets im September begann und somit eigentlich »Septemberfest« heißen müsste, vergleichsweise harmlos. Anlass des ersten Festes war die umjubelte Hochzeit von Kronprinz Ludwig und seiner Therese von Sachsen-Hildburghausen. Die blaublütige Sause fand am 12. Oktober 1810 in der Münchner Residenz statt und wurde anschließend im ganzen Land mit zahlreichen Feierlichkeiten begossen. In München selbst entschloss man sich, dem Brautpaar fünf Tage später mit einem großen, öffentlichen Pferderennen auf dem Sendlinger Berg zu huldigen. Die regierenden Wittelsbacher wollten damit ihre Volksnähe demonstrieren, und weil ein solches Großereignis in Bayern auch damals keinesfalls ohne ausreichend Bier über die Bühne gehen konnte, standen auf der Wiese neben der Rennbahn etliche Ausschankwägen bereit, um die 50 000 Zuschauer adäquat zu verköstigen.

Das Rennen und vor allem der dazugehörige Festbetrieb kamen bei den Untertanen derart gut an, dass die Herrscherfamilie selbst ein ganzes Jahr später noch nicht all ihre Rechnungen bezahlt hatte. Trotzdem entschloss man sich, die Veranstaltung im Herbst 1811 zu wiederholen – wenn auch das Volk nun für seine Maß selber zahlen musste. Zwei Jahre später fiel das Fest kriegsbedingt aus, aber danach vergrößerte es sich Jahr um Jahr. 1818 wurde das erste Karussell aufgestellt, und Losbuden mit wertvollen Gewinnen wie Kaffeegeschirr und Blumenschmuck sollten nun auch die Landbevölkerung anlocken. 1819 übernahm die Stadt München die Organisation, nachdem man im Rathaus erkannt hatte, dass das königliche Oktoberfest durchaus den ein oder anderen Gulden ins Stadtsäckel spülen konnte. Bis zur Errichtung der ersten großen Bierhalle dauerte es zwar noch ein wenig, aber gesoffen wurde dort auch ohne Riesenzelte schon reichlich: 1850 etwa wurde die 18 Meter hohe »Bavaria«-Statue nach 20-jähriger Planungs- und Bauzeit enthüllt und natürlich eifrig von den Besuchern begossen, 1881 eröffnete zur Schaffung einer besseren Grundlage die erste Hähnchenbraterei, und der Bierabsatz stieg so steil an, dass schon 1872 das damals übliche, obergärige »Sommerbier« ausging und die Wirte hektisch untergäriges »Winterbier« einbrauen lassen mussten, um die Nachfrage zu befriedigen und Tumulte unter den Gästen zu vermeiden. Dazu passt auch eine Urkunde aus dem Jahr 1901, wonach den beiden offenbar miteinander verwandten Besuchern I. und M. Hager von der gastgebenden »Bierbude Lang« ein »Diplom« für das Trinken von zehn Maß verliehen wurde.

Und dabei blieb es: Obwohl es auf der »Wiesn«, wie das Fest im Volksmund nun hieß, bald mehr als 200 Schaustellerbetriebe gab, darunter technische Meisterleistungen jener Zeit wie ein zwölf Meter hohes Riesenrad, das 1880 erstmals aufgebaut wurde, oder die Rutschbahn »Tobbogan«, die bereits 1910 über ein automatisches Fließband für die Fahrgäste verfügte, konzentrierte sich das Gros der Gäste auf den Besuch eines der Zelte, von denen es heutzutage 29 gibt: 15 kleinere und 14 große, worunter das Hofbräu-Zelt mit fast 10 000 Plätzen das allergrößte ist. Nur die legendäre »Bräurosl« konnte nach ihrer Eröffnung vor rund 100 Jahren sogar noch mal 2000 Leute mehr aufnehmen. Insgesamt finden derzeit über 105 000 Menschen vor und in den 29 Zelten gleichzeitig Platz und können mit der so unvermeidlichen wie allgegenwärtigen Oktoberfest-Hymne »Ein Prosit der Gemütlichkeit« miteinander anstoßen, die dort seit 1912 von jeder Blaskapelle mehrmals pro Stunde intoniert wird, um den Bierumsatz anzukurbeln. Dabei stammt der monotone Nervtöter mit dem selbst nach fünf Maß noch leicht zu merkenden Zusatztext »Schenkt ein, trinkt aus, schenkt ein, trinkt aus« von gar keinem Bayern, sondern vom sächsischen Komponisten Bernhard Dittrich, der seinen überraschenden Erfolg jedoch nicht mehr miterleben konnte, weil er zehn Jahre vor der Wiesn-Premiere seines Liedes an einem Herzschlag starb.

Mit 7,1 Millionen Besuchern war das Oktoberfest 1985 das bis heute besucherstärkste Bierfest, das es jemals weltweit gegeben hat. Allerdings wurden damals »nur« 5,4 Millionen Liter Bier getrunken, während heute die knapp 6,4 Millionen Gäste im Schnitt an die sieben Millionen Maß schaffen. Pro Jahr werden außerdem über 200 000 Bierkrüge geklaut, und der frühere Münchner Oberbürgermeister Thomas Wimmer machte sich 1950 unsterblich, als er peinliche 50 Schläge zum Anzapfen des ersten Fasses Bier benötigte, das seitdem kostenlos an die Umstehenden ausgegeben wird. Ansonsten jedoch ist die globale Bierparty mit ebenso treuen wie ihren Durst überschätzenden Fans aus den USA, Australien oder Japan nichts für den schmalen Geldbeutel. 2010 veröffentlichte die bayerische Hypo-Vereinsbank eine Studie zur dortigen Preisentwicklung – und kam dabei zu dem ernüchternden Schluss, dass die Steigerung der Kosten für einen Oktoberfestbesuch in den vergangenen 25 Jahren fast doppelt so hoch ausfiel wie die allgemeine Inflation und die Wiesn somit eigentlich als »Sonderwirtschaftszone« eingestuft werden müsste. Mit über 450 Millionen Euro Umsatz allein auf dem Gelände ist das Fest ohnehin längst eine riesige Gelddruckmaschine.

Klar, dass angesichts dessen auch andere an diesem Hype mitverdienen wollen. Nach Münchner Vorbild entstanden mehr oder weniger offizielle »Oktoberfeste« auch in Kanada, Brasilien und den Vereinigten Staaten. Besonders ehrgeizig waren hierbei wieder einmal die Chinesen, die ihren Ableger seit ein paar Jahren mitten in Peking feiern – jedoch im Juli, nur um zwei Monate früher dran zu sein als das Original. Bislang haben auf der vierwöchigen Sause 84 000 Gäste in acht Zelten Platz, aber die Chinesen haben vorsorglich angekündigt, dass es nur eine Frage der Zeit sei, bis ihr Oktoberfest den Titel »größtes Volksfest der Welt« tragen dürfe. Angesichts dessen, dass dort – wie in München – lediglich Bier aus den Hähnen fließen darf, das auch am Ausschankort gebraut wurde, dürfte es Bayern recht problemlos verschmerzen, wenn es jemals zur Wachablösung kommen sollte.

Die Ehe von Ludwig und Therese, die den Beginn des Oktoberfestes markierte, stand übrigens unter keinem guten Stern: Schon während des zu ihren Ehren veranstalteten Pferderennens auf jener Wiese, die später einmal nach ihr benannt werden sollte, machte die Kronprinzengattin nach kurzer Zeit die Biege und ließ ihren frustrierten Mann alleine zurück. Der flüchtete sich Jahre später als König in eine verhängnisvolle

Affäre mit der irischen Tänzerin Lola Montez, über die er schlussendlich stürzte. Trotzdem wurde das Oktoberfest bereits zu seinen Regierungsjahren ein ungeahnter Erfolg, der zweifelsohne bis heute anhält. Ludwig selbst jedoch hätte auf der »Wiesn« vermutlich keinen Spaß gehabt. Er galt zeit seines Lebens als eifriger Förderer der Künste und Feingeist, der selbst Gedichte schrieb und Johann Wolfgang von Goethe zu seinen Freunden zählte. Nur das grässliche Trinklied in Endlosschleife hätte ihn nicht weiter gestört. Der Mann war seit seiner Geburt schwerhörig.

Das Dorf der Biere

Dass »Ein Prosit der Gemütlichkeit« jemals im Dörfchen Aufseß erklungen wäre, daran können sich selbst ältere Bewohner nicht erinnern. Immerhin feiert der durchschnittliche Oberfranke seine Feste seit Menschengedenken eher still, hier freut man sich auch beim Bier vorwiegend nach innen, und sogar bei der fünftägigen Kirchweih, die jedes Jahr Ende August stattfindet, steht das traditionelle einheimische Brauchtum im Mittelpunkt des Geschehens. Die zahlreichen Ausflügler, die es vor allem an den Sommerwochenenden in die malerische 1300-Seelen-Gemeinde mit ihren zehn winzigen Ortsteilen verschlägt, wissen meist ebenfalls die beinahe greifbare Beschaulichkeit zu schätzen, die man bereits von weitem sehen kann, wenn man auf das hölzerne Begrüßungsschild samt handgemaltem Wappen zufährt, das kurz vor dem Ortseingang mitten auf einer Wiese steht.

Dabei sollte man es eigentlich tunlichst vermeiden, mit dem Auto nach Aufseß zu kommen – was gleichwohl nicht ganz so einfach ist, weil beispielsweise die Buslinie mit der Nummer 975, die vom 30 Kilometer entfernten Bamberg deutlich länger hierher benötigt als der ICE von Nürnberg nach München, nur sechsmal am Tag verkehrt und ab dem frühen Abend gar nicht mehr. Diese Abgeschiedenheit kann fatale Folgen haben, wenn man sich in einem Dorf befindet, das sich ganz offiziell und mehrfach bestätigt mit dem wunderbaren Prädikat »Größte Brauereidichte der Welt« schmücken darf. Aber erstens gibt's zumindest einen lokalen Taxiunternehmer. Und zweitens haben einige der Gasthöfe ein paar Fremdenzimmer.

Zugegebenermaßen handelt es sich bei dem Rekord nur um vier selbständige Brauereien, die im Gemeindegebiet seit Jahrhunderten Bier herstellen und selbstverständlich auch ausschenken. Gemessen an der Einwohnerzahl jedoch kann kein anderer Ort auf dem gesamten Globus eine derartige Vielfalt aufweisen, denn rein rechnerisch versorgt ein Aufseßer Brauer gerade einmal 325 Personen. Lange Zeit war man sich rund um den Schlossberg mit dem namensgebenden Kastell dieses flüssigen Schatzes gar nicht bewusst. Die verschiedenen Betriebe – namentlich die »Brauerei Stadter«, die »Brauerei Rothenbach«, die »Brauerei Reichold« sowie die »Kathi Bräu« – existierten jahrhundertelang mehr oder weniger nebeneinanderher und beäugten sich bisweilen durchaus misstrauisch, wenn an einem sonnigen Sonntagmittag beim einen mehr Autos mit verdächtigem Nummernschild als bei den anderen vor der Tür parkten. Und so wurde auch der Weltrekord einst von einem Fremden angemeldet, der schon lange ein wenig der herrlichen Natur wegen und noch viel mehr aufgrund des guten Bieres regelmäßig nach Aufseß reiste. Erst als die Guinness-Prüfer aus dem fernen Hamburg eines geschichtsträchtigen Tages im Jahr 2000 leibhaftig hier aufschlugen und nach einer Begehung sowie dem Genuss einiger Krüge des Beweismaterials dem Bürgermeister die Rekord-Urkunde verliehen, begann man, ein kleines bisschen stolz auf sein Heimatdorf zu sein.

Heute vermarktet man sich in Aufseß glücklicherweise gemeinsam – und versucht behutsam, den Rekord-Ruhm touristisch zu nutzen. Als eine der dabei beschlossenen Maßnahmen wurden die vier zwischen zwei und vier Kilometer entfernt voneinander liegenden Brauereien mit einem wunderschönen und einfach zu begehenden Wanderweg miteinander verbunden: Insgesamt misst die Strecke 14 Kilometer, die man als halbwegs geübter Spaziergänger in gut vier Stunden zurücklegen könnte – was aber höchst töricht wäre. Schließlich bietet jede der kurzen Etappen die Möglichkeit zu einem Einkehrschwung, der – wenn man denn Glück hat – sogar samt einem ganz und gar kostenlosen, aber hochspannenden Rahmenprogramm einhergeht. So kann man bei den Stadters im Ortsteil Sachsendorf an einigen Tagen in den Sommermonaten lernen, wie man anständiges fränkisches Landbier herstellt; man kann sich, wenn ausreichend Zeit ist, bei Familie Rothenbach in Aufseß durch ihre Sudstätte führen lassen, die ihr französischer Urahn Jean einst nach seiner überstürzten Flucht vor den napoleonischen Truppen gründete; man kann in Heckenhof bei Brauereichef Josef Schmitt die vielen Rocker und ihre schweren Motorräder bestaunen, die aus ganz Süddeutschland kommend hier Rast machen, seit sie vor inzwischen fast drei Jahrzehnten die »Kathi Bräu« aus nicht mehr nachvollziehbaren Gründen als bevorzugtes Ausflugslokal auserkoren haben. Oder man kann sich von Günter Reichold in Hochstahl bei einem unfiltrierten Zwicklbier erzählen lassen, wie das einst war, als er vom gelernten Elektrotechniker bei Siemens plötzlich im fortgeschrittenen Fußballer-Alter noch zum Profi-Torwart wurde, der es bei der Spielvereinigung im 50 Kilometer südlich gelegenen Fürth auf stattliche 173 Zweitligaspiele brachte, bevor er wieder in den alten Job zurückkehrte und nebenbei in der elterlichen Brauerei mithalf.

Heute führt Günther Reicholds Neffe Jörg den Betrieb. Er hat jeden Samstagabend die ehrenvolle Aufgabe, jenen Rundwanderern ihre verdiente Auszeichnung zu verleihen, die alle besagten 14 Kilometer per pedes und hoffentlich ohne Zwischenfälle hinter sich gebracht haben, was jeweils ein Brauerei-Stempel in einem von der Gemeindeverwaltung herausgegebenen Wanderpass dokumentiert. Tja, und wer die Strecke geschafft hat, müde und erschöpft in der gemütlichen Gaststube sitzt, vielleicht bei einem letzten dunklen Lagerbier vom Fass und einem knusprigen »Schäuferla«, dem fränkischen Nationalgericht und fleischgewordenen Albtraum eines jeden Vegetariers, der hat fortan einen Titel inne, den einem keiner mehr nehmen kann – und um den ihn viele andere Stammtischfreunde künftig beneiden dürften. Denn derjenige ist für immer und ewig ein »Fränkischer Ehrenbiertrinker«, und alleine dafür lohnt sich ein Ausflug in dieses einmalige und wirklich abgelegene Dorf der Biere.

—NÜTZLICHES—
BIERWISSEN

Jungbrunnen Bier

D ass Bier an sich ein ziemlich gesundes Getränk ist, dürfte zwar allen Unkenrufen aufgeschreckter Sucht-experten zum Trotz inzwischen hinlänglich bekannt sein. Nur zur Sicherheit soll es aber nicht unerwähnt bleiben, dass jedes einzelne Glas Bier trotz seiner wenigen Grundzutaten am Ende des Brauprozesses über beinahe 1000 verschiedene Inhalts-stoffe verfügt. Darunter so wichtige Mineralstoffe wie Calcium, Eisen, Kalium, Magnesium oder Zink. Zusammen mit den zahllosen Spurenelementen ergibt das eine perfekte Mischung, die Bier zu einer wahren Energiequelle macht. Mit einem Liter können unter anderem fast 40 Prozent des täglichen Bedarfs an Phosphorsäure und 41 Prozent des Tagesbedarfs an Ma-gnesium gedeckt werden. Außerdem hat Bier denselben Was-seranteil wie unser Blut, ist also isotonisch. Dadurch können all die enthaltenen Nährstoffe effektiver aufgenommen wer-den.

Noch besser aber ist, dass das Bier fünf lebensnotwendige Vitamine aufweist. Thiamin oder auch Vitamin B_1 ist für die Funktionalität unseres Nervensystems unentbehrlich und heißt deshalb »Stimmungsvitamin«, weil bei einem Mangel Appetitlosigkeit, Niedergeschlagenheit oder Konzentrations-schwächen drohen. Riboflavin beziehungsweise Vitamin B_2 ist das klassische »Wachstumsvitamin« und hilft uns bei der Umwandlung von Eiweißen, Fetten und Kohlehydraten in Energie. Pantothensäure oder Vitamin B_5 spielt ebenfalls eine wichtige Rolle im Stoffwechsel, sorgt für die optimale Ernährung unserer Hautzellen und stärkt praktischerweise zusätzlich unser Abwehrsystem. Niacin, auch Vitamin B_3 genannt, ist hauptsächlich an der Energieproduktion beteiligt und unterstützt unsere Muskulatur sowie unser Nerven- und Verdauungssystem. Und Pyridoxin schließlich, mit bürgerlichem Namen auch Vitamin B_6, ist gleich an 100 einzelnen enzymatischen Reaktionen unseres Körpers beteiligt und reguliert nebenbei noch die Immunabwehr. Zwar sind all diese Vitamine auch in anderen Lebensmitteln des täglichen Bedarfs enthalten. Die Kombination und Konzentration in einer einzigen Flasche Bier jedoch ist einzigartig!

Und so ist es auch kein Wunder, dass sich viele ernstzunehmende Studien seit einigen Jahren vermehrt mit dem Thema »Bier und Gesundheit« befassen. Einige Beispiele: Eine Untersuchung im Auftrag der Fachzeitschrift »Annals of Nutrition and Metabolism« von 2007 ergab, dass Männer, die über 30 Tage hinweg 0,66 Liter Bier und Frauen, die im selben Zeitraum 0,33 Liter Bier pro Tag tranken, am Ende des Testzeitraums ein deutlich aktiveres Immunsystem aufwiesen als zuvor. Der hochangesehene Ernährungsforscher Eric Rimm, der unter anderem an der berühmten Harvard-Universität lehrte, bewies erst 2012, dass regelmäßige Biertrinker eine um 42 Prozent geringere Herzinfarkt-Sterberate aufwiesen als Abstinenzler. Kurz zuvor bestätigte schon die Uni Innsbruck eine positive Wirkung von Bier auf chronische Herz- und Kreislauferkrankungen. Bier schützt auch das Gehör: US-Mediziner kamen angesichts von Langzeitbeobachtungen zu dem Schluss, dass die durchblutungsfördernde Wirkung des Bieres bei einem moderaten Konsum schon in jüngeren Jahren dazu führen kann, dass das Hörvermögen im Alter später als üblich nachlässt. Und das »Deutsche Institut für Ernährungsforschung« fand zu guter Letzt heraus, dass Bier möglicherweise das Risiko für den Typ-2-Diabetes senken kann.

Nur über einen möglichen Schutz vor Krebs ist sich die Wissenschaft bislang uneins. Als gesichert gilt jedoch, dass das im Hopfen enthaltene Flavonoid Xanthohumol zumindest in Tierversuchen eine zerstörerische Wirkung auf Krebszellen hatte. Japanische Gelehrte wollen in 24 untersuchten Biersorten sogar konkrete Wirkstoffe gefunden haben, die sogenannte heterozyklische Amine und damit die Entstehung von Krebs hemmen könnten. Allerdings sind die Analysen noch nicht abgeschlossen.

Über seine gesundheitsfördernde Wirkung hinaus macht Bier – allen Vorurteilen zum Trotz – wahrhaftig schlanker. Denn so reich Bier an den eben genannten Mineralstoffen und Vitaminen ist, so arm ist es an Natrium, Proteinen und Zucker. Und noch viel besser: Es ist vor allem frei von Fett und Cholesterin. Dadurch eignet sich Bier besonders gut für diejenigen unter uns, die wegen ihrer erhöhten Blutfettwerte salz-, fett- und cholesterinarm essen sollten. Ein Glas Bier (0,3) enthält im Schnitt 129 Kalorien, ein Hefeweizen (0,5) 215. Das ist weniger als in Softdrinks, Wein oder sogar in fettarmer Milch. Zur allgemeinen Freude aller Biertrinker wurde zudem unlängst in einem Schweizer Labor ein natürlicher Inhaltsstoff im Bier entdeckt, der Nicotinamid-Ribosid heißt und es offenbar unserem Körper ermöglicht, deutlich mehr Kalorien im Ruhezustand zu verbrennen als üblich. Die Veröffentlichung im Fachmagazin »Cell Metabolism« nach entsprechenden Tests bei Mäusen schlug derart hohe Wellen, dass das Stöffchen prompt als »Wundermolekül« gepriesen wurde. Bleibt die Hoffnung, dass das, was bei kleinen Nagern funktioniert, bei großen Schluckern doch eigentlich nicht vollkommen anders sein kann.

Trinkt man das Bier darüber hinaus ausreichend kalt, verstärkt man die schlankmachende Wirkung noch – ganz einfach, weil der Körper dann deutlich mehr Energie aufbringen muss, um seine Temperatur konstant zu halten; der Thermodynamik sei Dank. Auch sollte man zum Abnehmen lieber kräftige, dunkle Biere als etwa die vielbeworbenen Leichtbiere genießen. Die enthalten zwar ein paar Kalorien mehr, dafür besitzen sie mehr Nährstoffe, die den fatalen Hunger unterdrücken helfen. Denn um es noch einmal in aller Deutlichkeit zu sagen: Das, was uns Menschen wirklich fett macht, ist nicht das Bier, sondern vielmehr das übermäßige Essen dazu. Den vielbeschriebenen »Bierbauch« gibt es strenggenommen nicht. Wer seinen Nabel wie ein Ventil auf einem Strandball vor sich herträgt, der isst einfach mehr als jene 2000 Kilokalorien und 80 Gramm Fett, die ein sich wenig bewegender Durchschnitts-Erwachsener maximal am Tag zu sich nehmen sollte. Dass manche Bitterstoffe im Hopfen den Appetit anregen, kann hier nur eine Ausrede sein.

Bei all diesen schönen Ergebnissen stört lediglich der Alkohol ein wenig, denn obwohl auch dieser in geringen Mengen positive Effekte etwa auf das Herz haben kann, gilt leider Gottes: Bei ihm macht die Dosis dummerweise das Gift, und zu viel dieser berauschenden chemischen Verbindung verkehrt leider jede noch so gute Auswirkung des Bierkonsums in ihr Gegenteil. Allerdings sind die Grenzwerte, wie viel Bier gesund und wie viel bereits schädlich ist, nicht einheitlich geregelt:

Während die WHO 0,6 Liter Bier (Männer) und 0,3 Liter (Frauen) als gerade noch förderlich einstuft, liegen die Referenzwerte der »Deutschen Gesellschaft für Ernährung« etwas darunter, wohingegen in Portugal die Behörden sogar einen Liter Bier bei Männern sowie einen halben Liter bei Frauen als unbedenklich einstufen und die toleranten Mediziner aus der spanischen Region Katalonien im Vergleich zu ihren Kollegen in Zentralspanien sogar bei eineinhalb Litern Bier bei Männlein und Weiblein die Augen zudrücken.

Da wir aber an dieser Stelle weder Alkoholismus verharmlosen noch Moralapostel spielen wollen, geben wir einfach zu bedenken, dass jeder vernünftige Erwachsene selbst wissen sollte, was und wie viel Bier gut für ihn ist – ganz egal, ob er es in Deutschland oder Spanien zu sich nimmt. Wer freilich ganz auf Nummer sicher gehen möchte, für den hat der amerikanische Neurologe David Kareken einen finalen und ultimativen Trost parat: Mr. Kareken fand vor wenigen Jahren nämlich heraus, dass alleine der Geschmack von Bier die Ausschüttung des Hormons Dopamin im Gehirn auslösen kann. Zum Glücklichsein also brauchen wir den Alkohol gar nicht. Ein alkoholfreies Bierchen reicht dafür schon. Und das ist doch schon mal was!

Göttlich beschützt ist gut gebraut

Glücklich schätzen können wir uns auch, dass wir uns, wenigstens wegen des Bieres, heutzutage nicht mehr gegenseitig die Köpfe einschlagen. Dank der Industrialisierung steht ja auch kaum zu befürchten, dass uns der Stoff plötzlich ausgeht oder eine defekte Sudpfanne nur mittels eines bewaffneten Raubüberfalls in der Brauerei im Nachbarort ersetzt werden kann. Insofern hat das Bier durchaus seinen kleinen Teil zum Frieden in Europa beigetragen. Es vermag sogar tiefe ideologische Gräben zu überwinden, wie das erste ökumenische Bier der Welt beweist: 2015 wurde es im oberfränkischen Hallerndorf vom katholischen Pfarrer Matthias Steffel und dessen evangelischem Amtskollegen Martin Kühn gebraut. Ein paar Flaschen davon sollen sogar den Weg nach Rom gefunden haben, wo immerhin ein Papst mit dem schönen Brauernamen Franziskus zu Hause ist. Das aber nur am Rande.

Womöglich liegt die einende Wirkung des Bieres ja in der Tat in seinen religiösen Wurzeln. Immerhin waren bereits die Ursprünge des Brauens einer Opfergabe an die höheren Mächte geschuldet – und erst als die so besänftigten Götter das Korn netterweise etwas üppiger wachsen ließen, trauten sich die Menschen selbst, den Trank zu verkosten. Vor diesem Hintergrund ist es auch nicht weiter verwunderlich, dass es in der langen Geschichte des Bieres eine Reihe von Schutzpatronen gab, die auf das Gelingen des Brauprozesses stets ein wachsames Auge haben sollten. Nur die Wikinger legten beim Brauen keinen Wert auf spirituelles Geleit. Sie glaubten dafür, nach ihrem Ableben warte auf dem Dach von Walhalla eine gigantische Ziege namens Heidrun auf sie und versorge sie im Jenseits mit Bier aus ihrem Euter. Es sei diesen Heiden verziehen – sie wussten es einfach nicht besser!

Bei den gottesfürchtigen Römern hingegen war Ceres für das Gelingen des Bieres schon im Diesseits zuständig. Als vielbeschäftigte Göttin kümmerte sie sich zwar auch noch um das Getreide, die Ehe, die Fruchtbarkeit und die Gesetzgebung, doch trotz dieser vielen verschiedenen Aufgaben schien sie ihrer Verantwortung beim Brauprozess recht passabel nachzukommen, denn nach ihr wurde die Cervisia immerhin benannt.

Die Christen wandten sich in dieser Angelegenheit zunächst an St. Florian. Der wurde vor seiner Heiligsprechung als Florian von Lorch Mitte des dritten Jahrhunderts in der Nähe von Wien geboren und machte dort Karriere als römischer Offizier. In der Armee verdiente er sich seine Meriten als Oberbefehlshaber einer erfolgreichen Einheit zur Feuerbekämpfung. Als der damalige Herrscher Kaiser Diokletian aber beschloss, mal wieder alle Christen im Reichsgebiet verfolgen zu lassen, wurde im Zuge dessen auch Florian von Lorch verhaftet und am 4. Mai des Jahres 304 mit einem Stein um den Hals in den Fluss Enns geworfen. Seinem Henker sollen der Überlieferung nach kurz darauf gerechterweise die Augen aus dem Kopf gefallen sein, tot war der tapfere Brandbekämpfer trotzdem. Und weil er nun mal im Wasser starb, hängen seine Patronate folgerichtig eng mit diesem Element zusammen. Seitdem schützt uns Florian vor den Gefahren des Feuers, des Wassers – und des schlechten Bieres, was sich in Hunderten Brauereiwappen zeigt, in denen er mit einem Kübel abgebildet ist.

Ein halbes Jahrhundert später trat Augustinus von Hippo auf den Plan, ein antiker Kirchenlehrer und Philosoph. Obwohl gebürtiger Afrikaner – die historische Stadt Hippo lag im heutigen Algerien –, führte ihn sein Berufsleben nach dem Studium in Karthago bis nach Mailand, wo der rhetorisch gewandte junge Mann als öffentlicher Lobredner auf Kaiser Valentinian in Erscheinung trat. Der Stress in diesem eher einseitigen Job war Augustinus allerdings offenbar zu groß, denn nach einem Erlebnis, das man heute wohl als »Burn-out-Syndrom« bezeichnen würde, schmiss er seine Stelle nur zwei Jahre später entnervt wieder hin. Er übte sich nach einer kurzen, aber intensiven Begegnung mit Gott in striktem Verzicht, wandte sich dem Bibelstudium zu – und gründete schließlich, zurück in seiner Heimat, das weltweit erste Augustiner-Kloster. So wurde er zum Ahnherren aller Augustinermönche, die sich in den folgenden Jahrhunderten nahezu in ganz Europa als herausragende Braumeister einen Namen machen sollten. Kein Wunder, dass der Ur-Augustinus ebenfalls ein Schutzheiliger vieler Bierbrauer wurde.

Der angelsächsische Benediktinermönch Wynfreth dagegen machte abseits der Heimat in Deutschland und Frankreich Karriere als Missionar – im Auftrag von Papst Gregor II., der ihm befohlen hatte, die Ungläubigen gefälligst mit dem Geheimnis des Glaubens bekannt zu machen. Unter seinem neuen Namen Bonifatius sorgte er gewissenhaft für Zucht und Ordnung in den Bistümern Regensburg, Passau, Salzburg und Freising – und gründete die kirchlichen Verwaltungssitze in Würzburg, Eichstätt oder Erfurt gleich ganz neu. Weil in den meisten der von ihm betreuten himmlischen Filialen ebenfalls hervorragendes Bier eingebraut wurde, schaffte es auch er, zu einem weithin anerkannten Nothelfer für alle gläubigen Brauer zu avancieren. Leider konnte auch Bonifatius seinen Ruhm nicht auskosten, denn er wurde auf dem Weg zu einer Firmung friesischer Christen am Morgen des 5. Juni 754 erschlagen.

Arnulf von Metz indes verdankt seine Schirmherrschaft für zahllose Bierhersteller einer Begebenheit, die beinahe zu schön ist, um wahr zu sein. Schon zu Lebzeiten hatte er als beliebter Bischof von Metz für ein »Bierwunder« gesorgt, indem er eines Tages ein Kruzifix in einen Braukessel warf und schwerkranke Menschen alleine dadurch geheilt wurden, dass sie ausschließlich Bier aus diesem gesegneten Kübel tranken. Arnulf sorgte jedoch auch im Tod noch für eine anständige Versorgung seiner Schäfchen. Die ihm zu Ehren abgehaltene Trauerprozession fand nämlich dummerweise im heißen Juli 640 bei brütender Sommerhitze statt. Etliche der über 5000 Teilnehmer drohten zu kollabieren, und zu allem Übel hatte der einzige Gasthof weit und breit nur noch einen Krug Bier übrig. In ihrer schieren Not teilten sich die mitmarschierenden Frauen und Männer den Humpen, der erstaunlicherweise den gesamten Nachmittag über nicht leer wurde, so dass alle Anwesenden trotz des traurigen Anlasses nicht nur keinen Durst mehr, sondern wahrscheinlich auch recht gute Laune hatten. Leider hat sich dieses Wunder seitdem nie mehr wieder zugetragen, aber zum Schutzheiligen reichte es für Arnulf dennoch.

Gambrinus – Der Gott des Bieres war ein Schriebfehler

Nur beim inoffiziellen »Chef« dieser gesamten Zunft scheiden sich die Geister. Bei Gambrinus, der nach weitverbreiteter Meinung als Gott des Bieres höchstpersönlich gilt, weil er einer schönen Legende nach das Bier dereinst erfunden haben soll, sind sich die Gelehrten uneins, ob es ihn denn überhaupt gegeben hat. Und falls er als Person wirklich existierte, kommen manche Historiker zum desillusionierenden Schluss, dass diese Existenz auf einem profanen Schrieb-, pardon: Schreibfehler basiert. Das muss man erst mal herunterspülen!

Einige Gambrinus Experten glauben, dass es sich bei ihm um den einflussreichen Leibbrauer Karls des Großen gehandelt haben muss, der durch seine Handwerkskunst den trinkfreudigen Karolinger erst zu dem machte, was er später gewesen ist – einem der bedeutendsten Herrscher des Mittelalters. Wie diese Vermutung zustande kam, lässt sich heute nicht mehr vollständig rekonstruieren. Man weiß nicht einmal mit Sicherheit, ob am Hofe des mächtigen Frankenkönigs eine solche Stelle überhaupt ausgeschrieben war. Als gesichert gilt nur, dass Karl das Bier sowohl als persönliches Genussmittel als auch als Einnahmequelle sehr schätzte. Aufzeichnungen belegen, dass er seine Gutsverwalter den Erlös, den diese durch ihre Bierherstellung erzielten, bei seinen Besuchen vor Ort akribisch abrechnen ließ. Von einem Braumeister namens Gambrinus aber steht in den wenigen überlieferten Dokumenten aus jener Zeit genau: nix.

Auch der deutsche Fabeldichter Burkard Waldis, der von 1490 bis 1556 lebte, erst Franziskanermönch in Riga war und später zum Protestantismus konvertierte, war geradezu besessen von Nachforschungen über den sagenhaften Bierkönig. Waldis kam nach Jahren intensiver Recherche zu dem abenteuerlichen Schluss, Gambrinus habe vor einigen tausend Jahren im alten Ägypten existiert – und seine Braukunst direkt von Sonnenkönigin Isis gelernt. Eine steile These, die Waldis leider nicht wirklich mit Fakten untermauern konnte, zumal die meisten erhaltenen Darstellungen die resolute Gattin von Osiris stets mit einer Weinkanne abbilden. Vielleicht hatte der fromme Autor während seiner Gambrinus-Forschung auch einfach einige Krüge zu viel erwischt.

Etwas ernster zu nehmende Quellen vermuten, der ominöse Gambrinus trat in Gestalt des Herzogs von Flandern auf den Plan. Hierzu existieren schon belastbarere Belege, allerdings leider auch keine zeitgenössischen. Auf einem Bild, das den selbstbewussten Herrscher mit Zepter und Krug darstellt und das im Deutschen Biermuseum in München zu sehen ist, steht die Inschrift: »Im Leben ward′ ich Gambrinus genannt, König zu Flandern und Brabant. Ich hab aus Gersten Malz gemacht und Bierbrauen zuerst erdacht. Drum können die Brauer sagen, dass sie einen König zum Meister haben.« Da dieses Porträt samt dazugehöriger Selbstbeweihräucherung allerdings erst 1526 fertiggestellt wurde, der wahre Herzog aber schon am 3. Mai 1294 das Zeitliche segnete, ist auch dieser Beweis eher von fragiler Natur. Keiner weiß, was in den 232 Jahren dazwischen an Fakten oder Fabeln hinzugedichtet wurde. Wenigstens ließe sich nach dieser Deutung die Herkunft des Namens erklären. Der Flandern-Führer hieß in Wirklichkeit Johann I., was der lateinischen Form »Jan Primus« gleichkommt, woraus wiederum die Verhohnepiepelung »Gambrinus« geworden sein könnte. Zum Veralbern gab es jedenfalls Gründe genug. Jan Primus soll nicht nur 94 Kinder gezeugt haben, sondern auch ein enorm durstiger Zechbruder gewesen sein, der sich oft gehörig danebenbenahm.

Die am ehesten wahrscheinliche, wenn auch trockenste Theorie stammt dagegen von einigen Sprachforschern, die Gambrinus von »Ganbrinus« ableiten wollen, was wiederum den beiden Wörtern »ganeae birrinus« entlehnt sein soll, auf Deutsch übersetzt »Der in einer Schänke Trinkende«. Und auch das keltische Wort für Brauer, »Cambarius«, könnte im Laufe der Zeit in Gambrinus abgewandelt worden sein. Wer also auch immer jener phantastische Kerl gewesen sein soll, der auf den meisten der unzähligen Abbildungen gemütlich auf einem Holzfass sitzt und einen riesigen Bierkrug wie ein Zepter in der rechten Hand hält, das Bier hat er ganz sicher nicht erfunden! Sein Mythos jedoch lebt bis in die Gegenwart. Allein im deutschsprachigen Raum sind über ein halbes Dutzend Brauereien nach ihm benannt, und ein tschechischer Braugigant nennt sich ebenso stolz »Gambrinus« wie eine dänische, eine rumänische und eine texanische Biermarke. Weltweit so prominent vertreten zu sein ist für eine Märchenfigur doch gar nicht so schlecht!

Alleine Gambrinus beschäftigte also Kohorten an Geistesarbeitern – und ein Ende dieses weltweiten Wissens- und Entdeckungsdrangs in Sachen Bier ist nicht abzusehen. Kein Wunder: Das Reservoir, das dieses Getränk als Forschungsobjekt bietet, ist schier unerschöpflich. Über 3000 wissenschaftliche Arbeiten existieren gegenwärtig zum Thema Bier. Nicht alle widmen sich vergleichsweise ernsten Fragen wie der gesundheitlichen Wirkung, der chemischen Zusammensetzung oder der Historie. Manche Doktor- und Diplomarbeiten, Studien oder Testreihen sind einfach einer gewissen kindlichen Neugier geschuldet, die wohl nur ein geniales Produkt entfachen kann, das im Grunde so einfach und doch gleichzeitig so komplex ist.

Auch schon früher waren viele Wissenschaftler vom Bier fasziniert – egal, welches Fachgebiet sie auch beackerten. Ein Beispiel: Der 1834 geborene britische Anthropologe John Lubbock untersuchte im Rahmen seiner Forschertätigkeit unter anderem das Sozialverhalten von Ameisen. Um herauszufinden, ob die kleinen Insekten ihresgleichen von fremden Ameisen unterscheiden können, machte er 93 Tierchen mit Bier betrunken – die Hälfte davon gehörte zu einem nahe gelegenen Bau, die andere Hälfte holte Lubbock von anderswoher. Zu seinem allgemeinen Erstaunen trugen die nüchternen Ameisen aus dem Bau nur die zu ihnen gehörenden, vom Bier benommenen Kollegen zurück nach Hause. Die anderen Trunkenbolde ließen sie entweder achtlos liegen – oder warfen sie auf dem Weg zum Hügel einfach ab. Lubbock kam zu dem Schluss, dass sich eine Ameise nicht von einem fürsorglichen Menschen unterscheidet, der sich gemeinhin ebenfalls nur um seine engsten Zechbrüder kümmert.

Mit einem ganz anderen Problem befasste sich die Psychologie dagegen erstmals Anfang dieses Jahrtausends: Im Jahr 2001 tauchte in den USA eine seltene Angststörung auf, die seitdem vor allem in englischsprachigen Fachpublikationen als »Cenosillicaphobie« beschrieben wird und in der Fachschaft einiges Aufsehen erregte. Zwar sind bislang nur sehr wenige Fälle dieser einen von inzwischen rund 650 bekannten Phobien medizinisch dokumentiert. Aber es gibt offenbar wirklich eine Handvoll bedauernswerter Patienten, die beim Anblick von leeren Biergläsern eine schiere Panik überkommt, die sich in Herzrasen, Schweißausbrüchen oder Ausschlägen äußern kann. Auch wenn man als Bierliebhaber diese Angst vielleicht in ihren Grundzügen nachvollziehen kann, ist sie freilich für die Betroffenen alles andere als ein Spaß. Da vermag man in diesem Zusammenhang nur Sigmund Freud zu zitieren, den Begründer der Psychoanalyse. Der stellte nach umfangreichen Analysen des menschlichen Geistes bereits Anfang des 20. Jahrhunderts ernüchtert fest, dass das Leben sehr schwierig und sehr kompliziert sein kann.

Auch der von vielen ungeliebte Schaum des Bieres hat schon viele Naturwissenschaftler umfangreich beschäftigt: Knapp 600 ernstzunehmende Bierschaum-Experimente sind heute alleine hierzulande bekannt. In den meisten von ihnen geht es um streng mathematische Berechnungen von Zerfallszeiten, die Auflösung von Molekülen und Atomen sowie die Erstellung von entsprechenden Diagrammen. Pionier dieses Teilbereichs der Bierologie ist der Münchener Teilchenphysiker Arndt Leike. Er wurde angeblich eines schönen Vormittages an der Universität von einem Professorenkollegen zur Rede gestellt, als er gerade eine Flasche Bier in der Hand hielt – und rechtfertigte sich damit, er benötige diese lediglich für seine aktuelle Versuchsreihe. Diese Notlüge führte dann zwangsläufig dazu, dass sich Leike an die Arbeit machte – und einige Monate später in der Fachzeitschrift »European Journal of Physics« eine zweiseitige Formelsammlung über den Verfall der Blume veröffentlichte. Seitdem weiß man, dass sich der Schaum auf einem gewöhnlichen Weizenbier bis zu 276 Sekunden halten kann und somit länger als auf keiner anderen Biersorte Bestand hat. Für diese Erkenntnis bekam der Professor den Ig-Nobelpreis verliehen, eine Auszeichnung für schräge, aber ernstzunehmende Forschungsarbeiten.

Arndt Leike hatte allerdings während seiner Tests den Vorteil, dass sich sein Prüfschaum absolut gemäß den Regeln der Schwerkraft verhielt. Wer sich dagegen schon immer gefragt hat, warum ausgerechnet bei einem frischen Guinness die feinen Schaumblasen nach dem Zapfen entgegen allen physikalischen Gesetzen zunächst von oben nach unten steigen, der erhält nun endlich gleichfalls eine fundierte Antwort. Und zwar von drei Experten für Flüssigkeitsdynamik der Uni Limerick: Sie fanden nach wochenlangen Simulationen im Labor heraus, dass dieses naturwissenschaftliche Wunder nicht wie vermutet irgendetwas mit dem Bier zu tun hat, sondern einzig und allein mit der ungleichmäßigen Form des Glases. Das Projekt wurde übrigens vom irischen Wissenschaftsministerium gefördert.

Auch die vier Millionen Euro, welche die Flensburger Brauerei im Jahr 2009 in die Entwicklung ihres neuen Bügelverschlusses gesteckt hat, musste der Betrieb zum Glück nicht ganz alleine aufbringen: Um die »Geometrie im unteren Bereich des Verschlusskopfes« neu zu gestalten, die »Passgenauigkeit um ein Vielfaches zu erhöhen« sowie den »Gasaustausch der Dichtungsscheiben zu minimieren«, erhielt das Unternehmen gut eine Million Euro aus EU-Fördermitteln. Seitdem ist jedes Flensburger-Fläschchen genauso gut verplombt, wie es das auch mit einem Kronkorken wäre. Da soll niemand mehr sagen, Brüssel gebe sein Geld nur für unnütze Dinge aus!

Mit außergewöhnlichen Neukreationen befasst sich indes eine bemerkenswerte Einrichtung der Fachhochschule im oberösterreichischen Wels. Dort hat die bierfreundliche Hochschulleitung vor einigen Jahren eine vielbeachtete Lehr- und Versuchsbrauerei einbauen lassen. In der Alchemistenküche im Keller ihrer Lehranstalt dürfen seitdem alle Studenten des Studiengangs »Bio- und Umwelttechnik« frei Schnauze mit neuartigen Biersorten herumexperimentieren. Jede Klasse darf dabei einen ganzen Hektoliter Bier brauen – nach eigens entwickelten Rezepten und ohne geschmackliche Beschränkungen. So reiften bislang in den Welser Gärtanks unter anderem ein Koriander-Pfeffer-Bier, ein Honig- und ein Birnenbier oder ein Hanfbier mit dem schönen Namen »Blütenrausch« heran. Man darf gespannt sein, was den Studierenden dort noch alles einfällt.

Zu guter Letzt soll an dieser Stelle noch jene Gruppe portugiesischer Ernährungswissenschaftler der Uni Porto gewürdigt werden, die uns mit ihren langen und aufwendigen Studien über die Zusammensetzung polyzyklischer aromatischer Kohlenwasserstoffe, kurz: PAK, das unbeschwerte sommerliche Grillvergnügen rettete. Die Akademiker fanden heraus, dass die als Krebsauslöser berüchtigten PAK-Substanzen dadurch reduziert werden können, dass man das Fleisch vor dem Grillen vier Stunden lang in Bier einlegt, wobei dunkles Bier die beste Wirkung erzielt, knapp vor dem Pilsener.

Letzteres ist heute die mit weitem Abstand beliebteste Biersorte Deutschlands – mit einem fulminanten Gesamtmarkt-
anteil von fast 55 Prozent. Dies ist umso bemerkenswerter, da
das Pils im Vergleich zu den meisten hellen oder dunklen Bieren sowie dem Weizenbier eine sehr junge Variante unseres
Herzensgetränkes ist. Das liegt natürlich daran, dass das Pils –
wie bereits erwähnt – zu den untergärigen Biersorten gehört,
für die man nun mal ordentlich niedrige Temperaturen benötigt. Und weil bei uns zum Glück nur in wenigen Monaten
Durchschnittstemperaturen von ungemütlichen vier bis neun
Grad Celsius herrschen, gab es für eine Spezialität, die aufgrund des hohen Hopfenanteils noch dazu verhältnismäßig
teuer in der Herstellung war, keinen echten Markt. Nur in
manchen Teilen Bayerns stellte man neben dem üblichen
Dunkelbier eine ähnliche Variante her, die auf besonders hellem Malz basierte und in den kalten Gärkellern lagerte, die
einige innovative bayerische Brauereien besaßen.

Auch in Pilsen kannte man trotz einer etliche Jahrhunderte
zurückreichenden Brautradition natürlich kein Pils. Das Pilsener Bier früherer Jahre entsprach dem in Böhmen üblichen
Schwarz- oder Braunbier, das vorwiegend warm vergoren
wurde – mit dem unschönen Unterschied, dass die lokale
Oberhefenplörre mit schlimmer Regelmäßigkeit offenbar besonders schlecht geriet. So sind aus dem beginnenden 19. Jahrhundert mehrere Volksaufstände wegen der mangelhaften
Bierqualität überliefert, die von der Obrigkeit nur mit Müh
und Not niedergeschlagen werden konnten. Als einmal mehr
im Sommer 1838 ein paar Dutzend aufgebrachter Einwohner
mitten auf dem Markt aus Protest mehrere Fässer aus dem

örtlichen Bürgerlichen Brauhaus zertrümmerten und die trübe Brühe erst über den gesamten Platz und den Rest in den Fluss Radbusa ausgossen, zog man entnervt die Notbremse. Der Rat der Stadt entschied, schnellstmöglich eine neue Brauerei zu bauen und dafür einen Fachmann als Braumeister anzuwerben, der sich mit der Produktion eines qualitativ hochwertigen Bieres besser auskannte als die örtlichen Hopfen-und-Malz-Panscher.

Die Wahl fiel nach einer monatelangen Suche auf den gerade einmal 29-jährigen Josef Groll aus dem 170 Kilometer weiter südlich gelegenen Vilshofen. Dem war die Kompetenz praktisch schon in die Wiege gelegt, denn sein Vater betrieb in der bayerischen Kleinstadt eine gutgehende Brauerei, deren Ruf weit über die Ortsgrenzen hinausging. Das Groll'sche Bier war in der ganzen Gegend auch deshalb so beliebt, weil der Seniorchef im Gegensatz zu den meisten seiner Kollegen gerne mit hellen, untergärigen und bitteren Biersorten herumexperimentierte. Seinem Sohn kam das Angebot aus Böhmen gerade recht. Das Verhältnis zum herrischen, eigenwilligen und wenig kooperativen Vater war ohnehin nicht das beste. Außerdem wusste Groll jun., dass an seiner neuen Wirkungsstätte praktisch dieselben klimatischen Bedingungen herrschten wie in der als Kältekammer verspotteten niederbayerischen Heimat. Die Voraussetzungen, im Winter so viel Eis einzulagern, dass es sich bis in den Sommer hinein hielt, waren also auch dort gegeben, und Groll erkannte, dass er Papas bewährte Rezepte problemlos auch in Pilsen einbrauen konnte. Also unterschrieb er dort im Juni 1842 einen Drei-Jahres-Vertrag.

Am 5. Oktober dieses Jahres braute Josef Groll dann seinen ersten Sud, der geschmacklich dennoch leicht vom gewohnten Vilshofener Bier abwich, was allerdings vor allem am sehr weichen und salzarmen böhmischen Wasser lag. Das stand denn auch sogleich als Namensgeber für die neue Biersorte Pate, denn Groll nannte seine Kreation stolz: Urquell. Fünf Wochen später, am 11. November 1842, wurde dieses Urquell erstmals in drei Pilsener Gasthöfen an die ungeduldigen und neugierigen Gäste ausgeschenkt. Die Reaktionen auf das ungewohnt helle und herbe Bier fielen durchweg begeistert aus. Groll durfte weitermachen.

Der Rest ist Geschichte: 1859 ließ sich die Stadt »Pilsner Bier« als eingetragenes Warenzeichen schützen. Bereits wenige Jahre später wurde es zum absoluten Exportschlager: Ab 1863 war die Marke im großen Stil in Deutschland erhältlich und wenig später sogar in Großbritannien und Amerika. Schon 1913 überschritt die Jahresproduktion eine Million Hektoliter, und heute stellen über 2000 Mitarbeiter in den riesigen Hallen der »Pilsner Urquell« im vierten Stadtbezirk jährlich rund zehn Millionen Hektoliter Bier her, das ausschließlich von hier aus in über 50 Länder exportiert wird.

Josef Groll hatte von all dem eher wenig. Weil er offenbar ein ebenso sturer Kerl war wie sein Vater auch, zerstritt er sich trotz der Anerkennung durch die böhmischen Kunden mit den Brauerei-Verantwortlichen. Sein Vertrag wurde nicht verlängert, und er kehrte 1845 verärgert nach Vilshofen zurück. Dort wurde seine Laune nicht besser, denn inzwischen hatte sein jüngerer Bruder das Regiment in der väterlichen Brauerei übernommen und führte diese nach einigen Jahren zielsicher in die Pleite, während das Pilsner Urquell zeitgleich die Welt eroberte. 1887 starb sein Erfinder verbittert im Haus seiner Tochter. Da hatte sich der Begriff »Pils« bereits als Gattungsname für alle Biere dieser Brauart durchgesetzt, was mit der Bezeichnung »Vilshofener«, wie das Pils strenggenommen eigentlich heißen hätte müssen, womöglich nicht so gut gelungen wäre.

Immerhin: Wenn schon die Pilsener selbst mit ihrem heute so berühmten Produkt nicht besonders einfallsreich waren, so sind es die Tschechen umso mehr mit ihrer Gesundheitspolitik. Seit einer Studie der Universität Helsinki, wonach ein halber Liter Bier täglich das Risiko von Nierensteinen um bis zu 40 Prozent senkt, wird den Patienten im ganzen Land die entsprechende Dosis von der Krankenkasse bezahlt. Diese ganz und gar schmackhafte Medizin darf dann natürlich gerne auch ein Pilsener sein.

Im Namen der Dose

Egal, ob in Pilsen, Vilshofen oder sonst wo – der Transport des feinen Stoffes war viele Jahrhunderte lang eine ziemlich mühsame Angelegenheit, zumindest, wenn man sich sein Bier mit nach Hause nehmen wollte. Die Brauereien lieferten ausschließlich Fässer aus, deren Inhalt für den Genuss in der heimischen Stube ein bisschen überproportioniert gewesen sein dürfte. Der einfacheren Logistik halber enthielten die meisten Bierfässer mindestens 50, besser 100 oder gleich 250 Liter. Die teils riesigen Holzbehälter mussten zwar von hoher Qualität sein, durften nicht auslaufen und vor allem keinen Eigengeschmack etwa vom Pech der Innenwände ans Bier abgeben. Deshalb war der Beruf des Fassbinders, Böttchers, Küfers oder Küfners, den es immerhin schon seit dem 1. Jahrhundert gab, auf der Wichtigkeits-Skala auch gleich hinter dem lieben Gott, dem jeweiligen Schutzpatron sowie dem Braumeister angesiedelt.

War das Fass nach vier bis fünf Stunden jedoch nicht leer,

glich der Geschmack des Bieres dennoch eher einem Hopfen-
blütentee, weil die durch die alkoholische Gärung entstandene
Kohlensäure nun mal die unschöne Eigenschaft besitzt, dass
sie in einen gasförmigen Zustand übergeht, wenn ihr der Ge-
gendruck fehlt – und sich irgendwann ebenso schnell ver-
flüchtigt wie jede hübsche Kneipenbekanntschaft. Man musste
also in Ermangelung entsprechender Behältnisse und Lager-
möglichkeiten sein Bier entweder direkt in den Gastwirtschaf-
ten trinken, oder man brachte, wenn die Zeit drängte und für
eine gemütliche Stammtischrunde keine Muße war, zur Not
einen Tonkrug oder eine Keramikkanne mit, die man dann
vom Wirt auffüllen und im Idealfall mit einem Korken ver-
schließen lassen konnte. Auch diese allerersten Biere »to go«
mussten aber tunlichst in den folgenden zwei, drei Stunden
getrunken werden, sonst konnte man sie allenfalls noch zur
Schneckenjagd verwenden.

Flaschen als Behältnisse kannte man bis zum Ende des
18. Jahrhunderts dagegen kaum. Die Hohlglasherstellung mittels Glasmacherpfeife war eine aufwendige und schwer zu er-
lernende Handwerkskunst – und deren Erzeugnisse waren viel
zu teuer für eine Massenproduktion. Auch wurden die frühen
Glasflaschen ebenfalls mit einem Naturkorken verschlossen,
was die gewohnten Probleme mit der Abdichtung und damit
auch mit der leidigen Kohlensäure mit sich brachte. Erst die
Idee des Berliner Konstrukteurs Carl Dietrich, der 1875 einen
Zinn-Stopfen mit einem Gummimantel drum herum und
einem Drahtring obendrüber zum Patent anmeldete und so
den Bügelverschluss erfand, sowie die Entwicklung des ma-
schinellen Blasverfahrens (sic!) sorgten dafür, dass man sein
Bier nach und nach auch daheim genießen konnte.

Der sogenannte Crown Cork indes, der vom in die USA

ausgewanderten Iren William Painter im Jahr 1892 ausgetüftelt wurde (und früher aus unerfindlichen Gründen drei Zacken mehr als die heute weltweit üblichen 21 besaß), setzte sich hierzulande nur schleppend durch. Da sich Painter aber, passend zu seinem Geniestreich, gleich noch den Flaschenöffner mit ausdachte, dürfte ihm die Bügelverschlusshochburg Deutschland ziemlich egal gewesen sein. In den meisten anderen Biernationen setzte sich sein Einfall schnell durch und machte ihn zum Multimillionär. Aufgrund des hohen Schwundanteils der teuren Bügelflaschen wurde diese altmodische Art der Abdichtung 1899 in Österreich sogar verboten und per Gesetz auf den modernen Kronkorken umgestellt. In Deutschland hielt sich Carl Dietrichs Konstrukt dagegen bis in die 1950er Jahre hinein – und erlebt, obwohl hochpreisiger und unhygienischer, vorwiegend dank des charakteristischen Plopp-Geräusches beim Öffnen seit rund 20 Jahren eine bemerkenswerte Renaissance.

Überhaupt ist es erstaunlich, welche Vorlieben die Bierwelt kennt, wenn es um das bloße Behältnis und seine Größe geht. Im Land des Bieres selbst, also bei uns, kannte man noch bis vor wenigen Jahrzehnten hauptsächlich die praktische Literflasche, die erst nach dem Zweiten Weltkrieg langsam und widerwillig durch die Halbliter-Version ersetzt wurde – damals vor allem in der bauchigen Euroflaschen-Version, wie sie noch immer etwa von der Münchner Augustiner-Bräu verwendet wird. In den Weinnationen Frankreich, Spanien und Portugal hielt man dagegen erstaunlicherweise an der wahren Männergröße fest und verzichtete nahezu ganz auf die 0,5-Liter-Variante, bot aber irgendwann für Vernunfttrinker und Damen auch die Viertelliterflasche an. In Südasien beträgt die Standardgröße bei Bierflaschen erfrischende 0,7 Liter. Fünf Zentiliter mehr sind die bevorzugte Kapazität in Argentinien. In England und den Commonwealth-Staaten hält man sich an das eigene Maßsystem und bietet umgerechnet 0,375- sowie 0,8-Liter-Flaschen an, während der Italiener hauptsächlich den Zweidrittelliter bevorzugt und in der Schweiz lange die kuriose Größe 0,58-Liter anzutreffen war, bevor auch hier die inzwischen weitverbreitete, schlanke NRW-Flasche mit ihrem halben Liter Inhalt Einzug hielt. Niemand aber schlägt beim Volumen die osteuropäischen Staaten oder Russland: Dort, wo die Nächte länger und die Winter kälter sind, hat sich in den letzten Jahren die wärmende 2,5-Liter-Variante aus Plastik durchgesetzt.

Nur in den USA konnte man eines Tages den altbackenen Bierflaschen nicht mehr viel abgewinnen. Hier setzte sich ab den 1970er Jahren eine Verpackung durch, die in den Augen der Amis viel moderner wirkte, für hohe Qualität stand und nur diesseits des Atlantiks lange für verständnisloses Kopfschütteln bei Traditionalisten und Bierpuristen sorgte: die Dose.

Dabei ist die Weißblechbüchse an sich beinahe älter als die industriell gefertigte Glasflasche. Bereits 1810 wurde sie vom englischen Kaufmann Pierre »Peter« Durand erfunden – als Aufbewahrungsmöglichkeit für Lebensmittel, die den britischen Soldaten als möglichst lange haltbare Wegzehrung dienen sollten. Zuvor, genauer gesagt seit Napoleons Zeiten, waren Konserven ebenfalls in Flaschen eingelagert. Bis das Bier seinen Weg in die Dose fand, dauerte es aber noch über 100 Jahre: Erst 1933, unmittelbar nach dem Ende der Prohibition, stellte die amerikanische »Gottfried Krueger Brewing Company« ihre robuste, leichte und handliche Weltneuheit vor. Nach vielversprechenden Tests kam die erste Bierdose der Geschichte am 24. Januar 1935 auf den Markt.

Dummerweise hatte sich die beliebte Brauerei aus Newark im Bundesstaat New Jersey einen schlechten Zeitpunkt für ihr Produkt ausgesucht. Aufgrund des Krieges wurde die Verarbeitung von Metall für nichtmilitärische Zwecke stark eingeschränkt. Die Krueger-Dose verschwand wieder vom Markt. Als sie in den späten Vierzigern wieder in den Regalen der nordamerikanischen Supermärkte auftauchte – dann auch mit einer Innenbeschichtung, die dankenswerterweise eine Abgabe des Metallgeschmacks an den Inhalt verhinderte –, musste sie der geneigte Biertrinker noch mit dem Dosenöffner anstechen, was den Trinkgenuss und die Mitnahmemöglichkeiten ein wenig erschwerte. Aus genau diesem Grund erfand 1962 denn auch ein junger Ingenieur der »Iron City«-Brauerei aus Pittsburgh den ersten »Pull tab«-Verschluss. Angeblich hatte der Mann zu einem romantischen Picknick mit seiner Freundin zwar ein paar Dosen seines Arbeitgebers mitgenommen, um die Atmosphäre etwas aufzulockern. Das dazugehörige Werkzeug jedoch hatte er vergessen. Damit ihm das nie wieder passierte, setzte er sich am nächsten Tag an seinen Schreibtisch und ersann eine Lasche mit dazugehörigem Fingergriff, die mit dem Dosendeckel verbunden war und von diesem einfach abgerissen werden konnte. Innerhalb weniger Monate gelangte die Neuheit zur Marktreife, und bereits ein Jahr später benutzten über 40 Mitbewerber das Patent.

In Deutschland tauchte die Dose erstmals 1951 auf. Die Braunschweiger Schmalbach AG nahm als erster hiesiger Verpackungshersteller die Novität aus dem Land der unbegrenzten Möglichkeiten ins Programm – und verkaufte sie prompt an die Brauereien »Beck's« und »Henninger«. Das Ding bestand im Gegensatz zum US-Vorbild aber aus Schwarzblech, was bedeutete, dass es weitaus unreiner war und viel schwerer als die amerikanischen Konkurrenzprodukte. So wog eine deutsche Bierdose jener Tage ohne Inhalt rund 80 Gramm – was mehr als das fünffache Gewicht einer heute gängigen Aluminiumdose war. Außerdem schmeckte darin anfangs jedes noch so gute Brauwerk, als habe man es vor dem Abfüllen mit einer ordentlichen Portion Eisenoxid angereichert. Erst nach und nach gelang es, die Legierung geschmacksneutral zu machen.

Heute werden, trotz Einwegpfandes, rund 850 Millionen Bierdosen jährlich im deutschen Lebensmittel- und Getränkehandel verkauft, mit steigender Tendenz. Jedermanns Sache sind die Dinger trotzdem nicht. Denn das Bier muss für die Abfüllung zumeist pasteurisiert, also auf 70 Grad Celsius erhitzt werden, was für manch sensiblen Gaumen einem aromatischen Schwerverbrechen gleichkommt. Selbst der Deutsche Brauerbund räumt gewisse geschmackliche Einbußen beim Dosenbier ein. Doch viele Nutzer sind sich darüber einig, dass es keine bessere Verpackungsform für Bier gibt, wenn's beispielsweise nach einem WM-Sieg an der Tanke einfach schnell gehen muss.

Dafür schneidet die Dose in Sachen Ökobilanz gar nicht so schlecht ab. Sie ist in Herstellung und Entsorgung deutlich umweltschonender als die Einweg-Glasflasche und liegt mit der Mehrwegflasche beinahe gleichauf. Und sie kann, in Einzelfällen, sogar Leben retten. Wie jenem Autofahrer, der im Jahr 2011 in seiner Heimat Alaska unvermittelt in einen heftigen Schneesturm geraten war und bei minus 17 Grad im Wagen festsaß. Seine Rettung waren ein warmer Schlafsack – und drei Dosen Bier, die er als Proviant dabeihatte. Deren gefrorenen Inhalt konnte er nach und nach aus der Packung kratzen, was schlussendlich verhinderte, dass der Mann vor seiner Rettung nach mehr als drei Tagen verdurstete. Glasflaschen dagegen wären bei diesen Temperaturen längst zerplatzt. Ein kleines Weißblech-Notfallset kann also ganz sicher nichts schaden; in allen Lebenslangen.

»Die Leber wächst mit ihren Aufgaben …«

Egal, ob nun vom Fass, aus der Flasche oder der Dose – eins ist jedenfalls sicher: Mit Bier, beziehungsweise dem darin enthaltenen Alkohol, muss man umgehen können, was leider nicht jedermann gelingt. Bei einem 45-jährigen Polen aus dem kleinen Dorf Skierniewice rund 20 Kilometer südwestlich von Warschau lässt sich gewiss sagen, dass dieses Unterfangen gehörig misslungen ist. Bei ihm mussten selbst die hartgesottenen Ärzte im Krankenhaus schlucken, als sie ihren bewusstlosen Patienten untersuchten, der auf dem Nachhauseweg von einer Feier von einem Auto überrollt worden war: Der zügellose Zecher, der auf der Fahrbahn herumstolperte, hatte sage und schreibe 12,3 Promille im Blut; einen normalerweise mehrfach tödlichen Wert, den er jedoch bis auf die Blessuren durch den Zusammenprall unbeschadet überlebte. Ebenso wie ein anderer Pole, der für den höchsten jemals in Deutschland dokumentierten diesbezüglichen Wert sorgte, als er mit 8,1 Promille intus vor einigen Jahren im Kreuzberger Urban-Krankenhaus aufschlug.

Zur Ehrenrettung unseres Lieblingsgetränkes muss man allerdings feststellen, dass derartige Vergiftungen mit Bier alleine aufgrund seines hohen Wassergehaltes nicht erreicht werden können. Zuvor würden unsere Nierenzellen aufgrund der Flüssigkeitsmenge platzen, was vor einiger Zeit einer 28-jährigen Frau in den USA passiert ist, die bei einem überaus dummen Trinkspiel eines Lokalradiosenders mitgemacht und acht Liter Wasser in sich hineingeschüttet hatte. Die Arme trank sich, ganz ohne Promille, zu Tode.

Trotz seines ebenfalls dramatischen Promillewertes von 3,7 schwor ein 61-jähriger Texaner, der 2012 volltrunken in das Krankenhaus der Kleinstadt Carthage eingeliefert wurde, in den Stunden vor seiner Ankunft in der Notaufnahme keinen einzigen Tropfen Alkohol getrunken zu haben. Die Mediziner hielten nach der Ausnüchterung des Seniors dessen Beteuerungen für die typischen Ausflüchte eines Gewohnheitsalkoholikers, der sich seine Sucht nicht eingestehen möchte. Doch der verzweifelte Mann blieb hartnäckig bei seiner Version. Mehr noch: Er verlangte weitergehende Untersuchungen – aufgrund seiner anhaltenden Übelkeit und des stetigen Schwindelgefühls schwante ihm schon länger nichts Gutes.

Das Ergebnis des gründlichen internistischen Check-ups jedoch haute einige Tage später nicht nur die texanischen Dorfdoktoren, sondern auch die herbeigerufenen Spezialisten aus Houston von den Socken. So ergaben die Analysen, dass sich im Darm ihres fortlaufend angesoffen wirkenden Patienten ein aggressiver Hefepilz eingenistet hatte, der tagaus, tagein das machte, was ein Hefepilz nun mal am besten kann: Er wandelte die durch die Nahrung aufgenommenen Kohlenhydrate zusammen mit Glukose und den körpereigenen Bakterien in Alkohol um. Besonders schlimm war es, wenn der 61-Jährige besonders stärkehaltige Produkte wie Kartoffelchips aß. Der erbarmungswürdige Kerl war also, wenn man so will, seine eigene Brauerei.

Tatsächlich nennt sich diese äußerst seltene Form der Immunerkrankung, von der inzwischen rund einige Dutzend Fälle weltweit dokumentiert sind, im Fachjargon »Eigen-

brauer-Syndrom«. Ausgelöst wird diese entgegen ihrem pos-
sierlichen Namen ganz und gar ernsthafte Krankheit offenbar
meistens durch eine Behandlung mit Antibiotika, die so die
komplette mikrobiotische Struktur des Darms auf den Kopf
stellen. Hat der aufgrund dessen übermäßig gewachsene Hefepilz dort dann erst einmal seine verhängnisvolle Arbeit aufgenommen, besteht bei den Erkrankten nicht nur die Gefahr,
dass sie bei der Umwelt schnell wahlweise als Trunkenbolde
oder notorische Lügner oder beides abgestempelt werden. Die
Organe der unverschuldet besoffenen Betroffenen können
mittel- bis langfristig alle negativen Begleiterscheinungen eines
langfristigen Alkoholmissbrauchs wie etwa eine Leberzirrhose
aufweisen. Immerhin kann der Blutalkoholgehalt nach einer
einzigen Portion Pommes schon mal auf 120 Milligramm pro
100 Milliliter ansteigen, was in etwa der Menge von sieben bis
acht Schnäpsen entspricht. Als Therapie kommen nur eine
strikte Diät sowie starke Antimykotika in Betracht.

Überhaupt scheint es selbst bei einem so natürlichen Lebensmittel wie Bier im Zusammenhang mit unserem hochkom-
plexen Immunsystem nichts zu geben, was es nicht gibt. So
sind Dermatologen und Umweltmedizinern heute auch viel-
fältige diesbezügliche Allergien bekannt. Weizen, Gerste, Mais,
Hefe oder Hopfen können selbst in verarbeiteter Form manchmal eine heftige Nesselsucht, akuten Juckreiz oder, noch
schlimmer, einen anaphylaktischen Schock auslösen, was in
Deutschland bei mehreren tausend Menschen dazu führt,
dass sie an Bier am besten nicht einmal denken sollten. Ähnliche Reaktionen sind bei einigen hundert Allergikern im Fall
von Ethanol bekannt, so dass diese Pechvögel nicht einmal
eine Schnapspraline zu sich nehmen können, ohne sich in
höchste physische Gefahr zu begeben.

Eine triefende Nase kann man nach dem Genuss von Bier und anderen alkoholischen Getränken aber auch ganz ohne vorhandene Allergien bekommen. Wenn nach jedem Schluck parallel zur Kehle auch die Schleimhäute feucht werden und das Sekret schneller läuft als Pils aus dem Zapfhahn, dann leidet man aller Voraussicht nach unter dem sogenannten »Schnaps-Schnupfen«, hinter dem sich keine Erkältung, sondern eine garstige Histaminunverträglichkeit verbirgt, die bei manchen Erwachsenen eine plötzliche Überreaktion der Blutgefäße auszulösen vermag.

In den meisten Fällen aber haben wir glücklicherweise die Entgegnung unseres Körpers auf den Bierkonsum selber in der Hand. Wer folglich nach einem durchzechten Abend am Morgen danach vermutet, in seinem Hirn stecke aus welchem Grund auch immer bestimmt eine laufende Kettensäge oder wenigstens ein Fleischermesser, der hat einfach zu viel gepichelt. Der heftige Kopfschmerz, den wohl jeder Biertrinker leider kennt, wird vorzugsweise durch die unvermeidlichen Fuselalkohole ausgelöst, die sich neben dem chemisch reinen Ethanol in jedem alkoholhaltigen Bier befinden, wenn auch nicht in gleicher Dosis. So hat die Fachhochschule Münster herausgefunden, dass das Katerrisiko bei Pils oder Export, die jeweils auf maximal 20 bis 25 Milliliter Fuselstoffe pro Liter kommen, deutlich geringer ist als beim Altbier mit rund 100 Milliliter oder gar dem Hefeweizen, das auf rund 120 Milliliter dieser üblen Begleitalkohole namens Methanol, Propanol und Isobutanol kommt. Ja, selbst Prosecco ist im Gegenzug dazu deutlich schädelfreundlicher. Was aber für Weißbierfreunde auch nur ein schwacher Trost ist.

Bier recycled

Auch beim dänischen Roskilde-Festival muss wohl davon aus-
gegangen werden, dass einige der regelmäßig über 120 000 Besucher des bis zu achttägigen Konzert-Marathons mit den
unschönen und ungesunden Konsequenzen zu vieler getrun-
kener Biere zurechtkommen müssen. Schließlich ist der Festi-
valfreund an sich gemeinhin als trinkfreudiger Zeitgenosse
bekannt. Es gibt sogar amtliche Statistiken, die den Bierver-
brauch auf verschiedenen solcher Veranstaltungen penibel er-
fassen: So kamen auf einen Besucher des berühmt-berüchtigten »Wacken«-Open Airs im Jahr 2011 stolze 5,1 Liter, während
das Doppelfestival »Rock am Ring / Rock im Park« einen Pro-
Kopf-Verbrauch von 3,15 Litern und das »Melt«-Festival
schlappe 2,25 Liter Bier je Festivalgast verzeichneten.

Doch zurück in die dänische 50 000-Einwohner-Stadt knapp
30 Kilometer westlich von Kopenhagen, an deren Rand sich
einmal im Jahr Rock-Fans aus ganz Europa versammeln, feiern, trinken – und natürlich auch entsprechende Hinterlassen-
schaften verursachen. Geschätzte 100 000 Liter Urin landen
jedes Mal nicht in den 2500 bereitgestellten Toiletten, sondern
vorwiegend in den umliegenden Wiesen und Wäldern, errech-
neten jedenfalls die Organisatoren. Deshalb starteten sie 2015
einen Pilotversuch: Mit speziellen Pissoirs sammelten sie die
flüssigen Ausscheidungen der Party-Meute in großen Tanks.
Deren Inhalt wurde auf den nahe gelegenen Gerstenfeldern als
Dünger verteilt – in der Hoffnung, dass das Braugetreide
prächtig gedeihen möge. In zwei Jahren, so der Plan, soll das
daraus gebraute Bier dann an die Besucher ausgeschenkt werden, wie der dänische Landwirtschafts- und Ernährungsrat
mitteilte. In der Tat forcieren einige Forscher schon lange die

Düngung durch Urin – immerhin enthält der Harn eines gesunden Menschen wertvolle Mineralstoffe wie Kalium, Magnesium und vor allem Phosphor, der beim Pflanzenwachstum eine ganz besondere Rolle spielt. Es bleibt also abzuwarten, wie das dänische Recycling-Bier eines Tages schmeckt – und ob die Konsumenten beim ersten Schluck das Kopfkino ausschalten können.

Aber auch das Bier selbst kann, wenn man es denn partout nicht mehr trinken mag, viel Gutes im eigenen Zuhause bewirken. In seiner furchtbarsten Form, wenn es also abgestanden, lauwarm und kohlensäurefrei ist, kann es zum Beispiel ebenfalls als Pflanzendoping eingesetzt werden – und zwar im Winter für alle Gewächse, die im Sommer normalerweise viel Sonne benötigen. Wer zwei- bis dreimal im Monat sein Gießwasser im Verhältnis 1:1 mit schalem Bier anreichert, beschleunigt in der kalten Jahreszeit nicht nur das Wachstum seiner Garten- und Zimmerpflanzen, sondern verhindert auch einen Schädlingsbefall, behaupten zumindest etliche namhafte Gartenexperten.

Warmes Bier soll auch als Möbelpolitur einen bemerkenswerten Effekt haben. Die besondere mineralische Zusammensetzung sorgt zusammen mit dem Alkohol angeblich dafür, dass Holztische, -truhen oder -regale wieder perfekt glänzen, ohne die Poren des Holzes zu verstopfen, wie das bei chemischen Reinigungsmitteln oftmals der Fall ist. Auch hartnäckige Fettflecken lassen sich, zumindest bei Eichenmöbeln, dem Vernehmen nach mit angewärmtem Bier herauslösen. Erfahrene Hausfrauen empfehlen Bier außerdem als Scheuermittel für Kupfergefäße oder Zinnteller – sie orientieren sich dabei an den Braumeistern, die früher ihre Sudkessel praktischerweise gleich mit dem daraus gewonnenen Erzeugnis gereinigt haben.

Und auch als formidable Schuhwichse für schwarze Leder-treter schreiben manche Haushalts-Homöopathen Bier einen positiven Effekt zu; zumindest, wenn man es mit Ruß, Essig und Petroleum anrührt.

Viele den zahlreichen Tensiden, Sulfaten und sonstigen selt-samen Substanzen skeptisch gegenüberstehende Menschen verwenden Bier zudem gerne für ihre Haarpflege. Es mag zwar etwas befremdlich anmuten, mit einer Pulle Pils unter der Du-sche zu stehen. Aber die positive Wirkung ist in diesem Kon-text längst erwiesen. Die vielen Vitamine und Spurenelemente des Bieres dringen in die Kopfhaut ein und kräftigen diese. Das Haar wird so voluminöser und glänzender. Und wer sich nach der Wäsche adäquat stylen möchte, braucht künftig kein teures Haarspray mehr aus dem Drogeriemarkt zu kaufen – ein in eine Sprühflasche abgefülltes Bier verleiht der Frisur dieselbe stetige Standkraft. Nur der Biergeruch mag womög-lich etwas gewöhnungsbedürftig sein, zumindest für die ande-ren. Das aber ist dann ja deren Problem.

———DAS BIER———
UND SEINE PILGERSTÄTTEN

33 Orte, die ein Biertrinker besucht haben sollte

Allen vorangegangenen Tipps zum Trotz sind wir uns dann doch hoffentlich alle darin einig, dass das Bier vor allem, genau: getrunken werden sollte! Da es aber selbst trinkfesten Weltenbummlern mit viel Zeit, Geld und goldener Senator-Karte absolut unmöglich sein dürfte, auch nur einen Bruchteil der geschätzt rund 12 000 Brauereien, über 1000 nennenswerten internationalen Bierfeste und unzähligen lohnenswerten Pubs, Bars, Clubs, Speakeasys, Tavernen, Gasthäuser, Biergärten und Ausflugsziele weltweit zu besuchen, wollen wir uns zum Abschluss dieses Buches einer kleinen Auswahl an Pilgerstätten widmen, die sich ganz besonders für eine Flüssigvisite eignen. Natürlich kann es sich hierbei nur um eine höchst unvollständige und zutiefst subjektive Zusammenstellung handeln. Dafür können wir den Besuch der folgenden 33 Bierwürdigkeiten uneingeschränkt empfehlen. Sollte Ihr persönlicher Favorit nicht darunter sein, sehen Sie es uns also bitte nach – wahrscheinlich waren wir einfach noch nicht dort. Aber was nicht ist, kann ja noch werden …

Annafest, Forchheim (Franken) Stellvertretend für die vielen kleineren und größeren Bierfeste Oberfrankens sei dieses mittelgroße, aber angesichts seiner natürlichen Umgebung absolut einzigartige Fest genannt, das jedes Jahr um den 26. Juli herum zu Ehren der heiligen Anna, also Jesu Großmutter, auf dem sogenannten Kellerberg bei Forchheim (etwa 50 Kilometer nördlich von Nürnberg) stattfindet. Und auch wenn dieser Berg bloß ein gerade mal 340 Meter hoher Hügel ist, so bietet er mit seinen verzweigten Waldwegen Platz für 30 000 durstige Gäste. Statistisch gesehen kann hier also zeitgleich jeder Forchheimer in einem der 23 schattigen und historischen Bierkeller seine Maß von sechs einheimischen Brauereien genießen – was er dann während des zehntägigen Annafests auch sehr gerne tut. Wer es etwas weniger turbulent mag: Auch Forchheimer müssen irgendwann wieder arbeiten, und die meisten Keller haben zum Glück auch außerhalb des Festbetriebs geöffnet, zumindest bei schönem Wetter.

www.alladooch-annafest.de

Beer Floating Festival, Helsinki (Finnland) Den Finnen geht, womöglich aufgrund der langen, dunklen Winter und der wenigen, dafür aber nicht enden wollenden Sommertage, der Ruf voraus, ziemlich einen an der Klatsche zu haben. Und wer dieses wohl verrückteste Bierfest der gesamten westlichen Hemisphäre besucht, der wird bestätigen, dass dieser Ruf vollkommen zu Recht besteht: Das »Beer Floating Festival«, das auf Finnisch »Kaljakellunta« heißt und etwa mit »schwimmendes Bier« übersetzt werden kann, ist ein höchst anarchisches Event, auf dem sich mehrere tausend Menschen in Schlauchbooten, Schwimmreifen oder Badeinseln zu Wasser lassen und auf dem Fluss Vantaa treibend Unmengen an Bier genießen. Der irre Badetag findet in einer im wahrsten Sinne des Wortes vollkommen feuchtfröhlichen, aber friedlichen Stimmung statt und wird meistens Ende Juli oder Anfang August gefeiert. Das genaue Datum richtet sich nach dem Wetter und wird von den Organisatoren meist erst kurz vorher über die sozialen Netzwerke kommuniziert – zusammen mit den Verhaltensregeln, wonach man außer dem Proviant auch zwingend eine Schwimmweste und Sonnenschutz mitbringen muss. Wahrscheinlich würde das »Kaljakellunta« von jeder deutschen Stadt sofort verboten werden, aber die Behörden in Helsinki drücken nun schon seit 18 Jahren tapfer beide Augen zu, was hoffentlich auch in Zukunft so bleibt.

www.kaljakellunta.org

Bia Hoi Corner, Hanoi (Vietnam) Wer einen ganz großen Durst, aber einen ganz kleinen Geldbeutel hat, für den ist die vietnamesische Bia-Hoi-Tradition wahrscheinlich das Paradies auf Erden: Im ganzen Land, vorwiegend aber in den größeren Städten und ganz besonders in der Altstadt von Hanoi, an der sogenannten Bia-Hoi Corner zwischen den beiden Straßen Ta Hien und Luong Ngoc Quyen, findet man zu Dutzenden winzige und oftmals improvisierte Hausbrauereien, die gewöhnlich in Garagen oder Geräteschuppen untergebracht sind und täglich frisches Bier herstellen – wobei »frisch« bedeutet, dass das Zeug tatsächlich bis wenige Stunden vor dem Servieren noch im Sudkesselchen vor sich hin geköchelt hat. Der Alkoholgehalt ist, der Zubereitungsart entsprechend, erfrischend gering (etwa drei Prozent), und der Durchschnittspreis liegt bei umgerechnet noch erfrischenderen 20 bis 40 Cent pro Glas oder Viertelliterflasche. Bei solchen Tarifen nimmt es selbst der penibelste Tourist gerne in Kauf, dass keine Behörde jemals ein solches Bier von Amts wegen getestet, eine Schanklizenz vergeben oder auch nur ein Rezept gesehen hat. Schmecken tut's trotzdem – oder deswegen.

Am besten zu finden unter: *www.tripadvisor.de*

The Black Friar, London (England)   Stellvertretend für die rund 5000 architektonisch oft herausragenden Pubs der englischen Hauptstadt soll dieses unfassbar gemütliche Kleinod britischer Trinkkultur stehen, das in einem schmalen Eckhaus im Stadtteil Blackfriar unweit der Themse untergebracht ist. Der über der Eingangstür angebrachte, namensgebende schwarze Mönch, der jeden Besucher begrüßt, weiß schon, warum er seit über 110 Jahren selig lächelt: Unter den aufwendigen Reliefdecken und inmitten der dunklen Holzvertäfelungen ist es jeden Tag bereits ab 9 Uhr morgens proppenvoll, und die Bierauswahl von wöchentlich bis monatlich wechselnden, zumeist kleinen und unbekannten englischen Craft-Beer-Brauereien ist selbst für Londoner Verhältnisse herausragend. Vielleicht schmeckt das Pale Ale oder das Porter nirgendwo im gesamten Königreich besser als in der Queen Victoria Street Nummer 174 – Cheers!

www.nicholsonspubs.co.uk

Brauereierlebnis Dortmund (Deutschland)   Obwohl diese, sagen wir mal schnörkellose Stadt heute eher durch ihren Fußballverein zu durchaus beachtlichem Ruhm gelangt ist, war sie lange Zeit Europas Bierproduzent Nummer 1 – und lag in Sachen Absatz zur Mitte des 19. Jahrhunderts weltweit auf Platz 2 hinter der amerikanischen Braumetropole Milwaukee. Diese heute etwas in Vergessenheit geratene Tradition greift das »Brauereierlebnis Dortmund« auf, eines der sehenswertesten deutschen Biermuseen, das im alten Maschinenhaus der

Hansa-Brauerei angesiedelt ist. In der Dauerausstellung gibt's eine spannende Zeitreise von den Anfängen des Brauens bis hin zur Industrialisierung, außerdem wird die komplette Kulturgeschichte des Bieres anschaulich präsentiert. Und weil ein umfänglicher und fachkundiger Rundgang durch die riesige Schau samt Führung durch die benachbarte Actien-Brauerei schon mal bis zu drei Stunden dauern kann, tut es gut, dass die heute noch existierenden acht Dortmunder Marken im Anschluss verkostet werden können.
www.brauereierlebnis-dortmund.de

Brauhäuser, Köln (Deutschland)   Ja, der Kölner liebt sein Kölsch beinahe so sehr wie den Dom, aber der Rest der Republik kann mit dem hellen, eher leichten und obergärigen Vollbier aus den putzigen Zwerggläsern meist eher wenig anfangen. Dafür darf man sich von Düsseldorf bis Dinslaken ruhig eine Scheibe von der kölschen Gastlichkeit abschneiden, die in den zahlreichen Brauhäusern in der Altstadt besonders deutlich wird. Ungemütliche 08/15-Gastronomiebetriebe scheinen hier per Dekret verboten, besonders flink sind die Köbesse bei »Päffgen«, »Früh am Dom«, in der »Malzmühle« am Heumarkt oder im »Brauhaus Pütz«, und unfreundlich wird man hier höchstens, wenn der Auswärtige allzu forsch nach dem »Kellner« ruft oder etwas anderes als die lokale Bierbesonderheit bestellt. Davon abgesehen sind eigentlich alle der meist mit dunklen Holzwänden und hellen Holztischen ausgestatteten Ausschankstellen ein Erlebnis; ganz gleich, welche der heute noch 26 bestehenden Kölsch-Sorten dort aus den Holzfässern läuft, ohne dass der Hahn jemals zugedreht werden muss. Und ehe man sich versieht, hat man zehn, zwölf Striche auf dem Deckel, obwohl man nur auf einen Sprung bleiben wollte und eigentlich lieber Altbier, Weizen oder Pils mag.

www.koelschfuehrer.de

Bruges Beer Festival, Brügge (Belgien) Vielleicht ist Belgien in diesem Buch ein wenig zu kurz gekommen, aber das kleine Land gehört mit seinen 140 Brauereien, die beinahe 1000 teilweise aberwitzige Sorten produzieren, zu den artenreichsten Biernationen der Welt. Wer sich mal durch einen Querschnitt der über 900 Jahre währenden belgischen Brautradition kosten möchte, sollte das unbedingt auf diesem schönen Festival auf dem kopfsteingepflasterten Beursplein tun, auf dem stets an einem fröhlichen Wochenende im Februar an die 400 verschiedene Biere auch an Nichttrappisten ausgeschenkt werden – vom süßen Schokoladen-Kirsch-Bier über prickelndes Champagnerbier bis hin zum wärmenden, 20-prozentigen Doppelbock. Und weil man Brügge definitiv auch sehen kann, ohne sterben zu müssen, ist diese herrliche, mittelalterliche Stadt samt ihrer stolzen Bierkultur auf jeden Fall eine Reise wert.

www.brugsbierfestival.be

Cervejaria Trindade, Lissabon (Portugal) Portugal ist zugegebenermaßen nicht unbedingt einer der ersten Anlaufpunkte für Bierfreunde aus aller Welt. Die älteste Gaststätte des Landes aber inmitten des oberen Teiles der engen und verwinkelten Altstadt von Lissabon ist eine Bierhalle von einer geradezu mystischen Schönheit, wie man sie kein zweites Mal auf der Welt findet: Basierend auf einem 1294 gegründeten Kloster, wird seit 1840 genau an jener Stelle Selbstgebrautes ausgeschenkt, wo sich dereinst der Speisesaal der sagenumwobenen

Trinitarier-Mönche befand. Die Wände tragen Tausende pittoresk verzierte Kacheln des berühmten Künstlers Luís Ferrera mit Motiven aus allen vier Jahreszeiten, die üppige Deckenbemalung zeigt alte portugiesische Adelswappen. Hier trinkt und isst man in einem wahren Kulturerbe. Ach ja – und das Bier ist auch gar nicht mal so schlecht.

www.cervejariatrindade.pt

Delirium Café, Brüssel (Belgien) Noch mal zurück nach Belgien, diesmal aber in die Hauptstadt: Hier, ein paar Strahlen entfernt vom Mäneken Pis, befindet sich eine mittlerweile beinahe ebenso berühmte Bar, deren Chef-Einkäufer sich wahrscheinlich des Öfteren am Rande des Nervenzusammenbruchs befindet: Die Logistik, rund 2500 verschiedene Biere (davon 30 vom Fass) aus 60 Ländern ständig vorzuhalten, sucht international wahrlich ihresgleichen. Zwischenzeitlich führte das Delirium Café sogar 3162 Sorten, aber irgendwann waren dann doch die Lagerräume zu klein. Dennoch dürfte bei einer solch unglaublichen Produktpalette von A wie »Abbaye« bis Z wie »Zywiec« für jeden noch so abwegigen Geschmack ein Bier dabei sein. Die vorhin schon erwähnten irischen Superlativ-Prüfer adelten das Café mit einem offiziellen Eintrag in ihr Buch der Rekorde – und tranken dazu, klar, ein Guinness, das es hier natürlich auch gibt.

www.deliriumcafe.be

The Globe, Hongkong (China) Mehr als 5400 Restaurants und Kneipen gibt es in der chinesischen Mega-City, aber nirgendwo anders findet man eine ähnlich opulente und vor allem originelle Bierauswahl wie in der puristisch gehaltenen und schnörkellos eingerichteten Bar im Vergnügungsviertel SoHo. Hier

finden auch regelmäßig Bierverkostungen unter fachkundiger Anleitung und vielbeachtete Craft Beer-Wettbewerbe statt, außerdem gibt es die vielleicht längste Happy Hour Chinas, die von 9 Uhr morgens (!) bis 18 Uhr abends dauert. Da staunt der Chinese, was man auf der restlichen Welt aus Hopfen und Malz alles Leckeres herstellen kann, und die vielen Fremden können sich hier, Tausende Kilometer fernab von zu Hause, mit Bieren aus Neuseeland, dem Libanon, Schottland oder dem Chiemgau das Heimweh von der einsamen Seele trinken.
www.theglobe.com.hk

Great American Beer Festival, Denver (USA)   Seit dem fulminanten Craft-Beer-Boom ist Amerika auf den Biergeschmack gekommen, was auch dazu geführt hat, dass es im ganzen Land inzwischen einige hundert Bierfeste gibt, die vor allem die lokale Braukunst, aber auch die ausländische – was meistens heißt bayerische – Bierkultur zelebrieren. Das dreitägige »Great American Beer Festival« in Denver ist zwar etwas ungemütlich, denn es findet nicht unter freiem Himmel, sondern im örtlichen Convention Center statt. Dafür gibt es dort laut Guinness-Buch die weltweit größte Bierauswahl einer derartigen Veranstaltung. Zuletzt verwiesen die Organisatoren stolz auf 466 teilnehmende Brauereien mit 2375 Sorten, wofür man schon mal die Messeatmosphäre in Kauf nimmt, die aber das einzig Nüchterne hier ist: Um des Ansturms Herr zu werden, benötigt man ein Ticket, das im Vorverkauf für ein bestimmtes Zeitfenster erworben werden muss. Für 80 Dollar Eintritt kann man dann aber sämtliche Schleusen öffnen, was leider nicht allen der 50 000 teils wild kostümierten Besucher bekommt. Gesehen haben muss man dieses irre Event aber trotzdem – einmal …
www.greatamericanbeerfestival.com

Great Japan Beer Festival, Osaka (Japan) Entgegen dem durchaus selbstbewussten Namen ist dieses Bierfest mit zahlreichen lokalen Ablegern im ganzen Land eher beschaulich, zumindest was die Besucherzahl von rund 5000 angeht. Trotzdem ist das 2003 erstmals durchgeführte Festival bemerkenswert, weil hier, in der leider vollkommen schmucklosen Multifunktionshalle »MyDome« der Drei-Millionen-Metropole der Probiercharakter im Vordergrund steht. Und so kann man sich, bewaffnet mit einem kleinen Versuchsgläschen, durch die neuesten internationalen Brautrends, ausgefallene einheimische Sorten und ausländische Raritäten kosten. Inmitten von bierseligen Japanern fühlt man sich wie auf einem Abenteuerspielplatz für die Geschmacksnerven. Deswegen muss man nicht unbedingt ins Land der aufgehenden Sonne fliegen, aber wenn man ausnahmsweise zufällig in der Gegend sein sollte, dann lohnt sich ein Besuch auf jeden Fall!
www.beertaster.org

Guinness Storehouse, Dublin (Irland) Für wohl jeden Iren sind die riesigen schwarzen Holztore am Dubliner St. James's Gate nichts weniger als das ultimative Nationalheiligtum. Aber diese Brauerei ist nicht nur identitätsstiftend für das nette Völkchen von der Grünen Insel. Guinness steht weltweit für den berühmten »Craic«, wie der nicht wörtlich übersetzbare gälische Begriff die irische Gastlichkeit, Geselligkeit und Gemütlichkeit beschreibt. Das Denkmal, das sich der Konzern mit dem »Storehouse« an seinem Stammsitz setzte, ist kein Museum, sondern eine siebenstöckige, multimediale und spektakuläre Bier-Erlebniswelt, die selbst überzeugte Abstinenzler faszinieren dürfte. Am Ende der zweistündigen Tour steht dann ein im Eintrittspreis inkludiertes, frisch gezapftes Guinness in der

»Gravity Bar« mit dem schönsten Blick über die Dächer Dublins. Nicht wenige der jährlich eine Million Besucher kommen während ihres Aufenthalts gleich noch mal, was das »Storehouse« zur meistbesuchten Attraktion des gesamten Landes macht. Und weil Firmengründer Arthur Guinness nicht nur ein begnadeter Brauer, sondern auch ein visionärer Unternehmer war, ist die Existenz seines Erbes erst mal nicht gefährdet: Der 1759 mit der Stadt Dublin geschlossene Pachtvertrag über 45 Pfund Mietzins per anno läuft noch exakt 8743 Jahre.
www.guinness-storehouse.com

Gut Riedelsbach, Neu-Reichenau (Bayern)

Dass Bier wohltuend auf Leib und Seele wirken kann, haben wir hoffentlich glaubhaft beschrieben. Angesichts dessen ist es eigentlich naheliegend, dass man gleich die ganzen Ferien unter dieses Motto stellt. Und doch ist das »Gut Riedelsbach« im kleinen niederbayerischen Kurort Neu-Reichenau das höchstwahrscheinlich erste »Bierhotel« der Welt. Dieses originelle und stimmige Konzept äußert sich zum Beispiel darin, dass das Hotel eine eigene kleine Brauerei betreibt, deren Braumeister den Gästen als Deutschlands erster Biersommelier zur Verfügung steht. Oder darin, dass die Küche mit zahlreichen Bierrezepten und kompletten Bier-Menüs aufwarten kann. Oder in der umfangreichen, über 100 Posten umfassenden Bierkarte, die den Hotelgästen zur Verfügung steht und auf der sich regionale Schätze ebenso befinden wie einige wilde Kreationen aus Belgien oder den USA und die man wahlweise in der »Braumeisterstube«, der »Malzstube« oder der »Bierkuschelstube« genießen kann. Und schließlich steht auch der Wellness-Bereich, der hier treffend »Körpersudhaus« heißt, ganz im Zeichen des Bieres und bietet Erholungssuchenden verschiedene Bierbäder und Biermassagen sowie eine spezielle Hopfensauna. Die Übernachtungspreise inklusive Halbpension sind erfreulich moderat, und selten war man nach einer Woche Urlaub innerlich wie äußerlich entspannter.

www.gut-riedelsbach.de

Fränkisches Bierfest, Nürnberg (Franken) Angefangen hat alles mit einer Schnapsidee, die in eine Handvoll Ausschankstände auf der kargen »Insel Schütt« mündete. Weil diese aber zugleich das Dach einer Kaufhaus-Tiefgarage bildete und so auf Dauer keinen würdigen Rahmen für die Zurschaustellung der lokalen Biervielfalt abgab, redete der Erfinder, ein Nürnberger Gastronom, so lange auf die Stadtverwaltung ein, bis diese entnervt grünes Licht für die Verlegung des Festes in den historischen Burggraben gab – in dem eigentlich keine Veranstaltungen erlaubt waren. Seit eineinhalb Jahrzehnten wird nun ab dem Vorabend von Fronleichnam fünf Tage lang unterhalb der weltberühmten Kaiserburg die hiesige Braukunst gefeiert, und wer unter blauem, fränkischem Himmel sein ungespundetes Kellerbier aus einer der knapp 40 teilnehmenden Landbrauereien mit Blick auf die wunderschöne Festungsanlage mit dem beeindruckenden Fünfeckturm und der mächtigen Sandsteinmauer genießt, der wünscht sich, dass der Augenblick einfach nur verweilen möge. Sicherlich eines der schönsten Bierfeste der Welt – und mit mittlerweile rund 130 000 Besuchern aus nah und fern eine veritable Nürnberger Attraktion.

www.bierfest-franken.de

Hamiltons Tavern, San Diego (USA) Ein bisschen kurios ist es schon, dass der Namensgeber dieses berühmten Alehouses ein strikter Antialkoholiker gewesen ist: Weltkriegs-Veteran Herman Hamilton war so etwas wie der gute Geist des »South Park«-Viertels der kalifornischen Grenzstadt, in dem sich das Lokal befindet. Als Hamilton im Jahr 2011 mit 84 Jahren starb, hatte er über fünf Jahrzehnte lang unermüdlich dafür gekämpft, dass Schwarze wie er einen würdigen Platz in der Gesellschaft bekamen – und somit auch in Kneipen wie dem »Sparkys«, in denen dunkelhäutige Menschen noch bis weit in die 1960er Jahre hinein nicht erwünscht waren. Hamilton aber saß allen Widerständen zum Trotz jeden Tag bei einer Karaffe Wasser im »Sparkys«, bis die Rassentrennung endlich überwunden war. 2006 wurde ihm zu Ehren das Lokal umbenannt und entwickelte sich seitdem zu einem mehrfach preisgekrönten Epizentrum der amerikanischen Craft-Beer-Bewegung, in dem Gäste allein aus 30 frisch gezapften Bieren auswählen können. Dass an der Decke Hunderte Zapfhähne als einmalig originelle Dekoration hängen, macht das Gesamterlebnis nur noch eindrucksvoller.

www.hamiltonstavern.com

Heartland Brewery, New York (USA) Trotz seines Status als mutmaßlich aufregendste Stadt der Welt war New York lange für Bierfans ein trauriges Pflaster, und in den über 18 000 Restaurants und Bars liefen allenfalls amerikanische und internationale Konzernbiere aus dem Zapfhahn. Erst mit Eröffnung der »Heartland Brewery« am Union Square zog 1995 so etwas wie Bierkultur ein im Big Apple. Die gemütliche Hausbrauerei löste binnen kurzer Zeit eine kleine Revolution in der Gastro-Szene aus – und eroberte Herzen und Lebern von Einheimischen und Touristen gleichermaßen. Das Handwerkszeug holten sich die Gründer bei deutschen Braumeistern, die Zutaten jedoch ausschließlich aus der amerikanischen Heimat. Heute produ-

ziert die »Heartland Brewery« in ihrem Taproom in Brooklyn, der nach Voranmeldung besucht werden kann, für die vier über die Stadt verteilten Filialen ein halbes Dutzend feste Sorten, die stets innerhalb von zwei bis drei Wochen nach dem Brauprozess ausgeschenkt werden und den Vergleich mit ihren flüssigen Vorbildern aus der Alten Welt nicht scheuen müssen. Dass unter den ständig wechselnden »Seasonal Beers« auch mal geschmackliche Ausrutscher wie ein »French Toast-Ale« oder ein »Blueberry-Lager« zu finden sind, unterstreicht nur die Experimentierfreude der sympathischen Truppe. Ein Muss für jeden New York-Besucher, der nach stundenlangem Sightseeing oder Dauer-Shopping Durst bekommt.
www.heartlandbrewery.com

Heineken Experience, Amsterdam (Niederlande) Der holländische Gigant scheidet zweifelsohne die Geister der meisten Biertrinker. Für viele ist die drittgrößte Brauerei der Welt die flüssige Inkarnation des langweiligen Massengeschmacks. Fans dagegen loben die gleichbleibend hohe Qualität, die das 1864 von Mutter und Sohn Heineken gegründete Unternehmen von Amsterdam bis wirklich in den hintersten Winkel der Welt zu erzeugen vermag. Das »Heineken Experience« im imposanten, historischen Brauereigebäude, das dennoch nach 100 Jahren viel zu klein für die globale Ausrichtung der Marke wurde, zählt nicht nur architektonisch zu den bemerkenswertesten Biermuseen überhaupt. In 90 Minuten samt einer kurzen Bootsfahrt erfährt man so viel Originelles über das Bier im Allgemeinen und die Marke im Besonderen, dass man sich danach selbst als erklärter Heineken-Kritiker über ein frisch gezapftes und eiskaltes Glas Lager aufrichtig freut. Und weil man nach diesem inkludierten Probeschluck weitere Biere durch

die richtige Beantwortung von Fragen rund ums Thema gewinnen kann, besucht man das passend im Museumsquartier
befindliche »Experience« am besten nach der obligatorischen
Visite bei Rembrandt, Van Gogh, Vermeer & Co. – sonst
könnte es durchaus passieren, dass man nicht nur die Nacht-
wache doppelt sieht.
www.heineken.com

Internationales Berliner Bierfestival, Berlin (Deutschland)　Wer
die Karl-Marx-Allee zwischen Berlin-Mitte und Friedrichshain
an den restlichen 362 Tagen im Jahr besucht, der kann sich
nicht vorstellen, dass sich diese ehemals sozialistische Reprä-
sentiermeile regelmäßig für drei Tage im August in den »längsten Biergarten der Welt« verwandelt: Auf stolzen 2,2 Kilome-
tern reiht sich dann eine Ausschankstelle an die nächste und
bildet das sicherlich nicht schönste, vielleicht aber originellste
Bierfest Deutschlands, auf dem inzwischen 340 Brauereien
über 2400 Sorten anbieten. Die meisten Teilnehmer stammen
aus der in 22 »Bierregionen« unterteilten Bundesrepublik,
aber seit einigen Jahren ist auch ein wechselndes Gast-Land
vertreten. Die rund 800 000 Besucher können sich nicht nur
über Live-Musik auf 20 Bühnen freuen, sondern auch über
freien Eintritt. Schade, dass der Berliner Senat die Allee weiterhin als Hauptverkehrsstraße benötigt, denn bei einer ganz-
jährigen Nutzung als Biermeile hätte man früher oder später
dank des speziellen 0,2-Liter-Versuchskrügleins, das man sich
am Eingang kaufen kann, alle Sorten durch. So aber muss
man schweren Herzens selektieren – und im nächsten Jahr
wiederkommen.
www.bierfestival-berlin.de

Kloster Andechs (Bayern)   Wenn man bei der Anfahrt auf Andechs die Klosterkirche mit dem charakteristischen Zwiebel-
türmchen oberhalb der kleinen Gemeinde erblickt und der
traditionelle Maibaum in den netterweise gerade weiß-blauen
Himmel ragt, dann ist diese Szenerie fast zu makellos, um
wahr zu sein. Beim Betreten des Bräustüberls wird man jedoch
womöglich in die Realität zurückgeholt, denn dass es auf dem
»Heiligen Berg« – wie die Bayern die Benediktinerabtei seit jeher liebevoll nennen – ausgesprochen schön ist und das Bier
noch dazu ausgesprochen gut, hat sich leider in den vergangenen 560 Jahren ziemlich weit herumgesprochen. Und so geht
es hier dank eines niemals abreißenden Stroms an Promille-
pilgern bisweilen zu wie auf dem Oktoberfest. Gesehen haben
muss man diese Postkartenidylle aber trotzdem unbedingt einmal, und um 20 Uhr kehrt schließlich sogar hier wieder wohltuende Ruhe ein – denn dann, pünktlich mit dem Nachtgebet
der Mönche, endet auch der Ausschank.
www.andechs.de

Kloster Weltenburg, Kelheim (Bayern)   Diese einzigartig gelegene
Benediktinerabtei hätte sich vielleicht lieber einen anderen
Schutzheiligen als den Drachentöter St. Georg für ihr Kloster
ausgesucht, denn die direkt angrenzende Donau hat hier, an
ihrem Durchbruch, schon oft für überflutete Räumlichkeiten
und schlimme Hochwasserschäden gesorgt. Das Bier fließt
hier trotzdem unaufhörlich seit fast 1000 Jahren, was den Wel-
tenburger Mönchen zumindest den Titel »Älteste Klosterbrau-
erei der Welt« einbringt. Der schattige und ruhige Biergarten
im Klosterhof ist trotz zahlreicher Tagesausflügler ein herr-
licher Ort zum Innehalten, denn die sonstigen Räumlichkeiten
hier stehen noch immer ganz im Zeichen des gottesfürchtigen

Lebens. Wem es da fast ein bisschen zu sakral zugeht, der kann danach noch eine Schiffsfahrt ins wenige Kilometer entfernt gelegene Kelheim unternehmen und dort der berühmten Weißbierbrauerei Schneider noch einen ganz und gar weltlichen Besuch abstatten.

www.weltenburger.de

Königlicher Hirschgarten, München (Bayern) Wer noch nie in München war, der kennt definitiv auch keinen Biergarten – egal, wie gemütlich, schattig und groß die sogenannten Freiluftgaststätten fernab der Isarmetropole auch sein mögen. Das wohl bemerkenswerteste Exemplar dieser urbayerischen Kultureinrichtung ist das Areal inmitten des einstigen, 40 Hektar umfassenden Erholungsparks der Wittelsbacher im mondänen Stadtteil Nymphenburg. Hier ist auch heute noch Platz für zahlreiche Wildtiere, vor allem aber für sage und schreibe 8000 Menschen, die unter mächtigen Kastanien ihre Maß Bier und eine Brotzeit genießen können, was den Hirschgarten zum wahrscheinlich größten Biergarten der Welt macht. Doch mehr als das schiere Ausmaß beeindruckt die sprichwörtliche bayerische Biergartendemokratie, die Gäste jeden Alters, jeder Schicht und jedes Standes einträchtig unter dem wunderbaren Dreiklang Freiheit, Gleichheit, Bierseligkeit nebeneinandersitzen lässt. Im SB-Bereich darf man sich seine Jause wie traditionell üblich auch selbst mitbringen, die Biere aber sollte man schon deshalb vom Wirt kaufen, weil sie vorwiegend aus dem Holzfass fließen wie weiland zu Kurfürst Carl Theodors Zeiten, der den Hirschgarten 1780 anlegen ließ und so den nachfolgenden Generationen eine traumhafte Oase inmitten der Großstadt hinterließ.

www.hirschgarten.de

Kulmbacher Bierwoche, Kulmbach (Franken)   Dass Oberfranken ein, auf neudeutsch: Kompetenz-Zentrum für Biere ist, wurde ja bereits hinlänglich beschrieben. Kulmbach huldigt seiner eigenen, seit dem 14. Jahrhundert bestehenden Brautradition mit einem siebentägigen Volksfest, das auf jeglichen Schnickschnack wie Karussells, Schießbuden, Riesenrad oder Autoscooter verzichtet. Auf der »Bierwoche« Ende Juli gibt es – wie der Name schon sagt – ausschließlich Bier und, nun ja, etwas Deftiges zu essen natürlich. Die gemeinsame Leidenschaft für das flüssige Gold zeigt sich auch darin, dass sich die vier Festwirte das riesige, »Stadl« genannte Bierzelt der Einfachheit halber teilen: Seit jeher wird in jeder Ecke ein jeweils anderes Bier ausgeschenkt. Besonders stolz ist man hier auch auf den »Tag der Generationen«, an dem die lokale Jugend zusammen mit den Senioren feiert. So viel Eintracht lockt alljährlich über 120 000 Besucher in die ansonsten eher verschlafene 25 000-Einwohner-Stadt, die man als Auswärtiger am besten über die Bundesstraße B85 erreicht – die sogenannte Bierstraße, die man erst dann wieder zur Rückfahrt befahren sollte, wenn die »Kulmbacher Bierwoche« zu Ende ist. *www.kulmbacher.de*

Landbierparadies, Nürnberg (Franken)   Eigentlich müsste Joachim Glawe eine Auszeichnung des Bayerischen Wirtschaftsministeriums bekommen – oder wenigstens von der Bundesagentur für Arbeit. Denn hätte der gelernte Betriebswirt nicht 1986 den allerersten Getränkehandel mit Erzeugnissen ausschließlich von fränkischen Kleinbetrieben eröffnet und dadurch zahlreiche vom Aussterben bedrohte Brauereien aus dem Umland der entwöhnten Nürnberger Bevölkerung nähergebracht, wären heute wohl ein paar Dutzend Brauer mehr arbeitslos. So aber begründete Glawe mit der Idee seines Lebens einen regelrechten Landbierboom in ganz Franken, der glücklicherweise bis heute anhält, etliche Nachahmer gefunden und viele familiengeführte Unternehmen vor dem Aus gerettet hat. Das »Landbierparadies« ist mittlerweile ein erfolgreiches Franchise-System mit mehreren Gaststätten im Großraum, und der gleichnamige Getränkehandel beliefert nicht nur experimentierfreudige Privatkunden, sondern auch zahlreiche Restaurants, Kneipen und Bars mit Raritäten, die der Chef allesamt persönlich getreu seinem Wahlspruch aussucht, der da lautet: »Das Leben ist zu kurz, um schlechte Biere zu trinken!« Recht hat er.

www.landbierparadies.com

Masné Krámy, Budweis (Tschechien)   Es gibt wohl wenige Bierkneipen auf der Welt, die von sich behaupten können, bereits im 14. Jahrhundert urkundlich erwähnt worden zu sein. Das »Masné Krámy« in der Bierstadt Budweis verweist stolz auf ein Dokument von 1364, wenn auch darin Kaiser Karl IV. den Abriss des Gebäudes verfügte, um an selbiger Stelle ein Fleischhaus zu errichten. Auch die gegenwärtigen Inhaber kennen sich mit Wiederaufbaumaßnahmen leider bestens aus, denn 2002 vernichtete die verheerende Flutkatastrophe, die auch die Budweis durchquerende Moldau erfasste, das gesamte Lokal, das erst fünf Jahre später wiedereröffnet werden konnte. Seitdem ist die Bierstube vielleicht nicht mehr ganz so ursprünglich wie vor der Flut, aber sie zählt immer noch zu den schönsten gastronomischen Wahrzeichen ganz Tschechiens. Dass sämtliche Biersorten der weltberühmten Budvar-Brauerei, darunter das hierzulande unbekannte, hefige Kräusenbier, aus den Hähnen fließen, versteht sich. Und nur der Vollständigkeit halber sei

hier wenigstens kurz erwähnt, dass der »Budweiser-Streit« als längste markenrechtliche Auseinandersetzung in die Biergeschichte einging und nach über 100 (!) Jahren mit einem komplizierten Kompromiss endete, der unter anderem vorsieht, dass das ältere tschechische Bier in den USA unter dem Namen Czechvar verkauft werden muss, während die gleichnamige jüngere Marke des Großkonzerns Anheuser-Busch in Europa nur als »Bud« vertrieben werden darf. Allenfalls in England dürfen beide Biere gleichlautend heißen, aber das spielt bei einem wahren Budweiser im Masné Krámy dann doch keine Rolle …
www.masne-kramy.cz

Mommsen-Eck, Berlin (Deutschland) Theodor Mommsen war der wahrscheinlich bedeutendste Altertumsforscher, den Deutschland jemals hervorgebracht hat, aber dass der Nobelpreisträger von 1902 ein besonderer Bierliebhaber gewesen wäre, ist eigentlich nicht überliefert. Dennoch ist das »Mommsen-Eck« im Bezirk Charlottenburg seit über 110 Jahren eine Institution für alle Freunde der hopfenhaltigen Kaltgetränke, zu denen auch Intellektuelle wie Else Lasker-Schüler, Gelehrte wie Robert Koch oder Stars wie Hildegard Knef zählten. Aus 15 Zapfhähnen fließen täglich ab 9 Uhr die eher bekannten deutschen Biermarken, aber das Mommsen-Eck wäre nicht das »Haus der 100 Biere«, wenn sich nicht noch an die hundert originellere Sorten aus allen Teilen der Erde in den Flaschenschränken befänden. Der von Bertolt Brecht geprägte Leitspruch dieser Ur-Berliner Kneipe prangt noch heute auf jeder Getränkekarte und lautet »Eins. Zwei. Drei. Vier. Vater braucht ein Bier. Vier. Drei. Zwei. Eins. Mutter braucht keins.« Dem ist im Grunde nichts hinzuzufügen – außer, dass am Potsdamer Platz, fünf Kilometer östlich der Mommsenstraße, ein dreister Trittbrettfahrer ein Lokal mit demselben Namen eröffnet hat und die Betreiber des Originals daraufhin feststellen mussten, dass sie sich ihren schönen Namen nicht haben schützen lassen. *www.mommsen-eck.de*

Naturbier Cervejeria, Madrid (Spanien) Der Einwand, ob es ein bayerisch geprägtes Wirtshaus an einem der schönsten Plätze im Herzen von Madrid denn unbedingt braucht, ist natürlich nicht ganz von der Hand zu weisen – immerhin hat die spanische Hauptstadt mit ihren zahllosen Kneipen und Bars eine recht ansprechende Bierkultur. Und die Tapas oder die Paella, die hier neben den unvermeidlichen Bratwürsteln und der Schweinshaxe auf der Speisekarte stehen, gibt's ein paar Ecken weiter sicherlich auch ein Stück weit authentischer. Das Bier aber, das man in dem gemütlichen Backstein-Ambiente oder noch besser auf der Terrasse mit Blick auf die herrliche Plaza de Santa Ana und das berühmte Teatro Español genießen kann, sucht in Spaniens Hauptstadt seinesgleichen. Denn der für die Spanier so lustig klingende deutsche Name ist hier Programm: Schon seit 1986 werden hier direkt vor Ort zwei eigene Sorten ganz ohne Zusätze gebraut – ein trübes Helles und ein malziges Dunkles. Weil die Kesselkapazitäten begrenzt sind und man sich in geselliger Runde das Bier aus fest in den Tischen installierten Zapfhähnen gleich selber einschenken kann, kommt es bisweilen vor, dass den Betreibern am Ende eines langen Abends der Stoff ausgeht und man auf die gängigen spanischen Biermarken zurückgreifen muss. Dann, aber nur dann, kann man ruhigen Gewissens das Lokal wechseln. *www.naturbier.com*

Schweizerhaus, Wien (Österreich)   Es gibt in all den Metropolen dieser Welt wohl nur wenige touristische Hotspots, die auch bei den Einheimischen derart beliebt sind, dass für die Auswärtigen oftmals kein Platz mehr bleibt. Das 1766 erstmals erwähnte »Schweizerhaus« mit seinem legendären Schanigarten auf dem Prater ist so ein Ort, der scharenweise von Wien-Besuchern überrannt wird und dennoch für die Wiener selbst eine der ersten Anlaufstellen ist, wenn sie mal keine Lust auf einen Heurigen haben. Die anhaltende Popularität bei den Ureinwohnern manifestierte sich 2004 in der Auszeichnung »beliebtester Platz Wiens«, die ansonsten vorwiegend an Kaffeehäuser oder Baudenkmäler geht. Hier, inmitten schattiger Bäume und idyllisch umrahmt von den verschiedenen Gast- und Funktionsgebäuden, finden 2500 Gäste Platz, die sich über zwölf Flaschen- und sieben Fassbiere freuen dürfen, darunter auch und vor allem das (tschechische) Budweiser, dessen Schaumkrone durch eine ausgefeilte und geheime Zapftechnik rekordverdächtige Höhen weit über den Krugrand hinaus erreicht. Leider schließt das »Schweizerhaus« witterungsbedingt zwischen Anfang November und Mitte März, doch die fortschreitende globale Erwärmung macht Hoffnung, dass diese Institution irgendwann ganzjährig geöffnet sein wird.
www.schweizerhaus.at

Stiegl Brauwelt, Salzburg (Österreich)   Dass der Weg in dieses wirklich besondere Biermuseum über eine steile Treppe führt, hätte man sich angesichts des Brauereinamens und des dazugehörigen Logos eigentlich denken können. Nach Bewältigung der historischen Stufen – oder besser gesagt: Stiegen – wartet auf die Besucher in der alten Mälzerei des Unternehmens

eine informative Rundreise durch mehr als 500 Jahre Biergeschichte, die weit über eine bloße Ausstellung hinausgeht.
Die Macher der im Jahr der Entdeckung Amerikas erstmals
erwähnten und heute größten Privatbrauerei Österreichs legen
nämlich großen Wert auf die Einbeziehung aller Sinne in ihr
preisgekröntes Museumskonzept. Und so fühlt, riecht und vor
allem schmeckt man sich durch all das, was seit jeher zum Bier
dazugehört. Seit neuestem gibt es zudem ein riesiges Kino,
und außerdem kommen außer den eigenen Produkten ganz
selbstlos auch alle anderen österreichischen Brauereien im
größten Bierturm des Landes zu Ehren. Probiert werden dürfen hinterher freilich nur Stiegl-Sorten, von denen aber drei
im Eintrittspreis inbegriffen sind. Nach eigenen Angaben ist
die »Stiegl Brauwelt« das größte Biermuseum Europas, aber
selbst wenn man sich hier im Vergleich mit den (sicherlich
weitläufigeren) Einrichtungen der Konkurrenz in Dublin oder
Amsterdam etwas vermessen haben sollte, ist ein Besuch für
jeden Bierfan zumindest auf dem Weg in den Alpin-Urlaub ein
Muss.

www.stiegl.at

Uerige, Düsseldorf (Deutschland) Dass diese Hausbrauerei zur
wohl berühmtesten Düsseldorfer Gaststätte wurde, ist eigentlich ein Wunder. Schließlich verdankt das einstige Wirtshaus
»Heidelberger Fass« seinen heutigen Namen dem früheren
Besitzer Wilhelm Cürten, der es 1862 übernahm und zum
Leidwesen seiner Gäste notorisch »uerig« war, was so viel bedeutet wie ziemlich schlechtgelaunt. Heute ist das »Uerige«
das gastronomische Wahrzeichen der »längsten Theke der
Welt« und produziert außer dem obligatorischen Altbier auch
vier andere Biersorten, darunter das deutlich stärkere »Sticke«,

das nur an zwei Tagen im Jahr hergestellt wird und entsprechend schnell vergriffen ist. Wenn die Gäste mit einem Glas in der Hand an milden Tagen vor dem Lokal unter den Platanen bis hinunter zu den Rheinterrassen stehen, ist der Geist Cürtens bei dem ein oder anderen Köbes vielleicht noch manchmal zu spüren. Ansonsten aber ist die Atmosphäre so gemütlich wie herzlich – und kann dadurch weiter aufgelockert werden, dass man auch dem gestressten Ober mal ein schnelles Alt ausgibt. Nur die Bestellung eines Colas sollte man tunlichst vermeiden, denn dieser Fauxpas steht hier auf derselben Stufe wie der Wunsch nach einem Kölsch und hat für den Gast weitreichende Folgen. Wenn man denn schon kein Bier trinken mag, dann bleiben hier nur Apfelsaft und Fassbrause, aber zumindest für Erwachsene sollte sich diese unstatthafte Alternative im »Uerige« gar nicht erst stellen.
www.uerige.de

U Zlatého Tygra, Prag (Tschechien)   Die tschechische Hauptstadt besitzt ebenfalls eine beneidenswerte Bier- und Kneipenkultur, die mittlerweile rund 8,5 Millionen Touristen jährlich anzieht. Und so ist es kein Wunder, dass es selbst in jenen Bierstuben, die noch vor ein paar Jahren als Geheimtipps der Einheimischen galten, inzwischen zugeht wie im Schlosshof von Neuschwanstein an einem Sommernachmittag. Der »Goldene Tiger« ist dennoch eine wohltuende Ausnahme, denn das geschichtsträchtige Haus, das es mindestens seit 1702 gibt, hat seinen ursprünglichen Charakter beibehalten – ganz ohne kitschiges Merchandising oder als Soldat Schwejk verkleidete Kellner, die einem überteuerten Becherovka aufschwatzen. Obwohl es hier leider kein Hausbräu mehr gibt, dafür aber hervorragend gepflegtes Pilsner Urquell, wusste Präsident

Václav Havel schon, warum er mit Staatsgast Bill Clinton 1994 hier einkehrte. Und trotz Besucherboom und Promigästen hat die Halbe hier noch beinahe einen »Vorwende«-Preis von 40 Kronen (rund 1,40 Euro). Da ist dann auch noch eine Portion von »Pivní Syr« drin, dem etwas gewöhnungsbedürftigen Bierkäse, der angeblich hier erfunden wurde.

www.uzlatehotygra.cz

Temple Bar, Dublin (Irland)   Es gibt hier zwar auch einen sehr schönen Pub dieses Namens, aber eigentlich fühlt sich der geneigte Biertrinker im gesamten »Temple Bar«-Viertel pudelwohl, das parallel zum Fluss Liffey Dublins pulsierendes Herz darstellt. Kein anderes Ausgehquartier in Europa bietet eine solche Dichte an gemütlichen, fröhlichen und ausgefallenen Bierkneipen: Auf nicht einmal zwei Quadratkilometern verteilt, findet man über 40 Lokale, in denen meist auch richtig gute Musik gemacht wird, die von Irish Folk über Rock bis hin zu Jazz reichen kann. Mehr Guinness fließt weltweit nirgendwo aus den Hähnen, überall wird gefeiert bis tief in die Nacht, und man mag es kaum glauben, dass das Gelände samt seiner autofreien Kopfsteinpflastergassen noch Anfang der 1980er Jahre dem Verfall preisgegeben war und eigentlich zu einem Busbahnhof umgewandelt werden sollte. Dass sich Dublins Stadtväter kurz vor knapp dagegen entschieden, war eine der weisesten Entscheidungen der jüngeren irischen Geschichte, und wer sich heute zwischen all den heimeligen Bars, den Museen und Galerien treiben lässt, dem kann es schon mal passieren, dass er lokale Persönlichkeiten wie Bono, Ronan Keating oder Shane Mac Gowan trifft; vielleicht im »Half Penny Bridge Inn«, der »Palace Bar« oder der »Dawsons Lounge«, Irlands kleinstem Pub – hier sollte man allerdings keine Platzangst haben,

denn schon bei 24 Gästen ist das Ding rappelvoll, und gefühlt sind immer mindestens doppelt so viele da.
www.visitdublin.com

The Yard House, Long Beach (USA)   Die erstaunliche Entwicklung der amerikanischen Craft-Beer-Szene wäre ohne diese 1996 gegründete Bar nicht möglich gewesen, denn hier liegen die Wurzeln der landesweiten Bewegung. Bevor das erste »Yard House« im kalifornischen Long Beach eröffnet wurde, mussten alle Angestellten erst mal eine Bierschulung samt Sommelier-Prüfung durchlaufen, um überhaupt qualifiziert für den Job zu sein – ein Novum in den USA. Das Alleinstellungsmerkmal in der örtlichen Gastroszene war eine für damalige Verhältnisse schier unglaubliche Bierkarte mit über 100 Sorten, wovon ein Drittel aus den Zapfhähnen der charakteristischen, rund zehn Meter langen Theke floss. Viele gaben dem seltsamen Lokal keine lange Halbwertszeit. Doch dass die Betreiber mit ihrer anfangs belächelten Fokussierung auf ein vermeintlich uncooles Getränk wie Bier den Nerv der Zeit getroffen haben, erkennt man schon daran, dass sich die Amis heute über 39 »Yard House«-Filialen in zwölf Bundesstaaten freuen dürfen, und in jeder davon stehen inzwischen bis zu 250 regional verschiedene Sorten auf der Karte, was die »Yard House«-Kette zum weltgrößten Anbieter von Craft-Bieren und zur bislang einzigen größeren »Bierkette« macht.
www.yardhouse.com

DANKSAGUNG

Ich hoffe, dass Ihnen die Lektüre der vorangegangenen Seiten ein wenig Lust gemacht hat auf dieses uralte und dennoch ewig junge Getränk, das sich im Laufe seiner Geschichte immer weiterentwickelt hat und hoffentlich noch lange weiterentwickeln wird. Bitte achten Sie dennoch auf einen verantwortungsbewussten Umgang damit, denn zum Saufen ist das Bier viel zu schade! Man muss es genießen – das hat wirklich jedes Bier verdient, denn in ihm stecken jahrtausendealtes Knowhow und trotz heute vielfach moderner und beschleunigter Herstellungsprozesse viel Arbeit und wertvolle Rohstoffe.

Ein besonderer Dank bei der Erstellung des Buches gilt dem leider im November 2010 verstorbenen Journalisten Rolf Lohberg, der ein hervorragendes Bierlexikon zusammengetragen und ins Internet gestellt hat, und seinem Sohn Philipp, der mir die Nutzung dieser so akribisch wie liebevoll recherchierten Informationen netterweise sofort genehmigte.

Viel nützlichen Input verdankt der Autor auch dem autodidaktischen Bierexperten Helmut Ell. Sein Enthusiasmus für das Produkt und den Brauprozess ist wirklich konkurrenzlos. König Hammurabi wäre stolz auf ihn!

Natürlich danke ich allen leidenschaftlichen Brauern, die sich nicht von Großkonzernen kleinkriegen oder gar kaufen lassen, in langen Arbeitstagen an ihrem Sudkessel stehen und ganz selten wohlhabend werden mit ihrer oft so mühsamen Pflege dieser uralten handwerklichen Tradition.

Eric Müller danken der S. Fischer Verlag und ich für seine fachkundige Hilfe.

Meinen Eltern danke ich dafür, dass sie mich auf viele schöne Wanderungen mitgenommen haben, an deren Ende stets ein Besuch in einem schattigen Bierkeller stand. Auch wenn ich damals nur Apfelschorle, gelbe Limo oder Spezi mochte, dürften diese herrlichen Familienausflüge sehr prägend gewesen sein.

Meine Freunde sollen natürlich ebenfalls nicht unerwähnt bleiben: Mit ihnen habe ich in den vergangenen 25 Jahren so manches Bier in immer fröhlicher und harmonischer Runde genossen. Olli, Matthias, Thorsten, Sascha, Flo, Stefan, Dirk, Norman, Ralf, Rupert – ein dreifaches Prosit auf euch!

Schließlich danke ich meiner wunderbaren Frau, die meiner Vorliebe für Bier mit viel Gelassenheit und Verständnis begegnet. Ich verspreche, das letzte Bier künftig immer wegzulassen. Oder zumindest fast immer! Und ich freue mich schon darauf, eines Tages dem kleinen Maximilian all die Geschichten zu erzählen, die ich sonst nur in Büchern aufschreiben würde. Ob bei einem Glas Bier, das soll er selber entscheiden, wenn es so weit ist …

QUELLEN

Abendzeitung Nürnberg

www.bayrisch-bier.de

www.bier.de

www.bierbrauerei.net

www.bierclub.de

www.bierland-oberfranken.de

www.bier-lexikon.de

www.bier-lexikon.lauftext.de

www.biertrend.de

www.bierundwir.de

www.bier-universum.de

BILD-Zeitung (div. Ausgaben)

Bote, Herrmann: »Till Eulenspiegel. Ein kurzweiliges Buch von Till Eulenspiegel aus dem Lande Braunschweig«, Frankfurt am Main, 1999.

www.brauer-bund.de

www.brunnenbraeu.de

www.complex.com

www.deutschlandfunk.de

Fauser, Jörg: »Die Harry Gelb Story«, Augsburg, 2001.

Focus (div. Ausgaben)

www.gablitzer.at

www.goeuro.de

Guinness World Records (div. Ausgaben)

Hamburger Abendblatt

www.haushaltstipps.net

Hemingway, Ernest: »Die Wahrheit im Morgenlicht – eine afrikanische Safari«, Reinbek bei Hamburg, 2001.

Hörner, Wolfgang: »Bier, Bier, Bier, wie es auch komme – Jean Paul und das Bier«, Hannover, 2006.

www.huffingtonpost.de

www.freisinnige-zeitung.de

www.fr-online.de

www.lutherbier.de

www.merian.de

www.merkur-online.de

www.musenblaetter.de

www.nachrichten.at

www.nwzonline.de

www.oktoberfest.de

Rhein-Zeitung

www.Simpsons.wikia.com

Stadtarchiv Nürnberg

www.statista.de

www.steinzeitwissen.de

Süddeutsche Zeitung (div. Ausgaben)

Der Spiegel (div. Ausgaben)

www.untappedcities.com

Die Welt (div. Ausgaben)

www.de.wikipedia.org

www.vice.com

zythophile.co.uk/ – Beer now and then

Thomas Bertram
Die Bundesliga für die Hosentasche
Band 52078

Wer schoss die meisten Tore, wer schoss die schönsten und
wer schoss daneben? Welcher Klub holte die meisten Titel
und wer sah dabei am besten aus? Warum ist im Fußball ein
Viertel mehr als ein Drittel und gewinnen die Bayern wirklich
immer?
Titelrennen und Abstiegskämpfe, Triumphe und Tragödien,
von Hamburg bis Paderborn, vom BVB bis zur Hertha – einfach alles, was Sie schon immer über die Fußball-Bundesliga
wissen wollten, steht in diesem Buch.

Mitreißend, legendär, kurios und passend zu jedem Trikot.

»Dieses Buch ist ein echter Volltreffer!«
Kult-Sportmoderator Frank Buschmann

Das gesamte Programm gibt es unter
www.fischerverlage.de

Bernd Gieseking
Gefühlte Dreißig
Ein Hoffnungsbuch
für Männer um die Fünfzig

256 Seiten. Klappenbroschur

»Ich benutze seit einigen Wochen Zahnzwischenraumbürsten.
Alles wird weniger, wenn man älter wird, nur die Zahnzwischenräume werden größer. Andererseits ist man froh,
dass man überhaupt noch Zahnzwischenräume hat. Das ganze Gerede vom Alter ist Quatsch, und trotzdem ist was dran.«

Bernd Gieseking weiß, wovon er spricht. Er hat die 50 hinter
sich und kennt das Gefühl »Hälfte rum« ganz genau. Mit tief-
gründigem Humor berichtet er von den Träumen und Zielen
der Männer seiner Generation und gibt Leidensgenossen
Hoffnung. Denn es kommt letztlich nicht auf die Höhe des
Flugs an, sondern darauf, überhaupt losgeflogen zu sein!

Das gesamte Programm gibt es unter
www.fischerverlage.de